短期間で社員が育つ

「行動の教科書」

現場で使える行動科学マネジメントの実践テキスト

石田淳

ダイヤモンド社

短期間で社員が育つ「行動の教科書」

目次

序章 人材の8割は「普通の人・できない人」である 1

1章 なぜ行動にフォーカスするのか 25

3章 わが社オリジナルの「行動の教科書」をつくる

——菓子製造販売業K社のケース

4章 行動の教科書をどう使うか 157

序章

人材の8割は「普通の人・できない人」である

7割を超える企業が人手不足を感じている

私が講演や研修などに行く会社で、近年必ず聞く経営者や経営幹部の嘆きがあります。

「〝いい人〟が採れないんです」

「教えたことが全然身についてない、ザルで水を汲んでるみたいですよ」

「せっかく採用した新卒社員が、ちょっと叱るとすぐ辞めてしまうのです」

採れない、育たない、すぐ辞める――企業は、まさに「**人材三重苦**」に陥っているのです。

独立行政法人中小企業基盤整備機構が中小企業を対象に行ったアンケート（2017年）によると、業界を問わずに7割を超える企業が「人手不足を感じている」と答えています。

その人手不足の影響がどういうところに出ているかというと、他を大きく引き離して「人材の採用が困難」がトップ。自社の商品やサービス自体はウケているのに、顧客の需要に応えられるだけの人材が確保できず、ビジネスがうまく回らなくなっている企業も見受けられます。

　こうした危機は中小企業だけのものではありません。有名大手企業であっても正社員の確保に苦慮しています。

　さらに、そもそも人が足りない時代に、やっと採用できた人材が思うように育ってくれないとか、手塩にかけて育てたつもりがすぐに辞めてしまうということが、あちこちで起きています。


　このような状況にあって、企業の経営陣や人材育成の担当者、部下を持つマネジャーなどがすべきことは何なのか。少なくとも、「いい人材を確保できない」と嘆くことではないはずです。

「優秀な人材が欲しい」と望んでいるばかりでは、事態は一向に改善されません。**一刻も早く、すでにいる人材の活用に着手すべきです**。その人たちこそ、これからのあなたの会社を支える財産なのですから。

人材の「2：6：2の法則」

ビジネスの現場における従業員の能力について、古くから「2：6：2の法則」が言われています。どのような企業も、2割の「できる人」（ハイパフォーマー）、6割の「普通の人」、2割の仕事が「できない人」によって構成されているというものです。

そして、多くの企業では、**2割のハイパフォーマーが全体の売り上げの8割を稼いでいる**と言われています。となれば、人材不足を嘆く人たちは、何としてもハイパフォーマーを採用したいと思うでしょう。

しかし、その発想を根本からひっくり返さない限り、悩みは解決しません。

その理由は大きく2つあります。

1つは、「2：6：2」という構成は興味深いことに、何か特別な力学でも働いているのか、どのようにシャッフルしても変わりません。仕事ができない2割を排除すると、これまで普通の人に属していた6割から、新たに2割のできない人が出現してしまうのです。

「すべての人員をハイパフォーマーで構成したい」という単純な願いは、いかなる有名企業でもかなわないということです。これは、プロ野球の巨人軍が有名選手を集めたからといって優勝できるわけではないことからも明らかでしょう。

だから、この「２：６：２」の構成をいじる、つまり「優秀な人ばかりを欲しがる」のは無駄。それよりも、全体の底上げを図ることを考えたほうがはるかに効率的です。

もう1つが、ハイパフォーマーの争奪戦はあまりにも競争の激しい世界だということです。

考えてもみてください。人材は、どうにもこうにも不足しています。どこの企業も血眼になって「できる人」を探しています。そうした状況で何とかハイパフォーマーを確保したところで、あなたの会社は安泰でしょうか。

優秀なハイパフォーマーほど、あなたの期待に反して独立したり、他社からヘッドハンティングされたりして出て行く可能性が高いのです。

実際に、公益財団法人日本生産性本部が毎年行っている「新入社員・秋の意識調査」では、「条件が良い会社があれば、さっさと移る方が得だ」と考える人が２０１６年には過去最高の54・6パーセントとなっています。

そんな若者の動向に一喜一憂しながら日々を送るより、今いる人たちに着目し、彼らに

今いる人たちの底上げをはかる

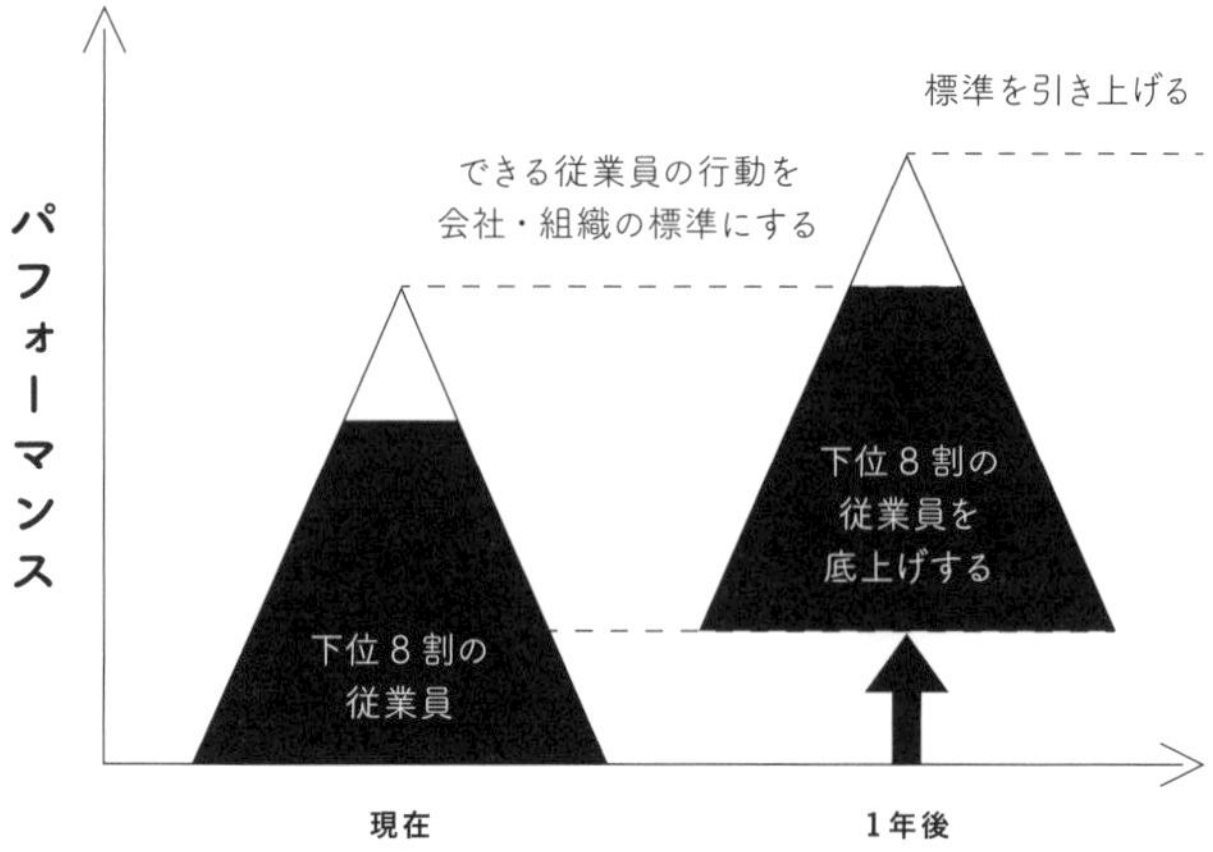

しっかり売り上げの作れる人になってもらいましょう。

「そんなことができるなら最初から苦労はしない」と反論されるかもしれません。しかし、「そんなことができるかどうか」について、真剣に取り組んできた経営者やマネジャーは実はほとんどいません。

おそらく、今日のような人材不足に悩んだことがなかったために、上位2割のハイパフォーマー以外の人とは本気で向き合ってこなかったのです。

これからは、**6割の普通の人や2割のできない人を活用していかなくては、ビジネスは成り立ちません。**彼らを戦力にできた企業だけが生き残ることになるでしょう。

2割の「できる人」とはどんな人か？

では、「2：6：2」を構成する人とはどんな人なのか、順に押さえていきましょう。トップ2割の「できる人」、すなわちハイパフォーマーは、どんな人でしょう？

まず、ハイパフォーマーは感覚で動いています。なかでも、いわゆるトッププレーヤーと呼ばれるような人たちは、極めて感覚的です。プロ野球で言えば、長嶋茂雄氏がその典型です。「来た球をカーン！　と打って……」というような説明ですね。

ある大手企業のハイパフォーマーにインタビューしたとき、「売れるコツは何か」という私の質問に、彼はこう答えました。

「何が売れるかとか、どうすれば売れるかとか、そういうことって説明しにくいんですよね。しいて言うなら匂いでわかるんです」

匂いでわかる。こんなことを言われてもどうすることもできません。ハイパフォーマーは、いわゆる「カンのいい人」で、おそらく生まれながらにして鋭い嗅覚のようなものが備わっており、それに従って動いていれば結果が出てしまうのだと思われます。

もちろん、彼らがすべてを感覚に頼っているわけではなく、ふだんから結果を出すための努力を人一倍しています。しかし、その努力のしかたも結果につながる方法を感覚的に知っていて、無駄な努力にならない。だから続けられるとも言えるのです。

8割の人は「どんな努力をすればいいのか」すらわからないし、「努力の先に何があるか」も知らないから、無駄な努力をしては疲れるばかりで、なかなか結果にたどり着くための努力ができません。

感覚的であるがゆえに、どのような行動が業績を上げるための決め手となっているかについて、ハイパフォーマーはうまく言語化することができません。

こうした人が部下を育てる立場になると、その現場には悲劇が起こります。**部下が優秀な上司のまねをしようとしても、そして、上司も部下にまねをしてもらいたいと思っていても、具体的にどうしたらいいのか、共有することができない**からです。「名選手イコール名監督にあらず」というのはまさにこのことです。

そもそも、2割のハイパフォーマーと残りの8割の人では、物事の学習のしかたからして違うのです（次ページの図参照）。

できる人とできない人の学習のしかたの違い

両者に同じ教え方をしていませんか？

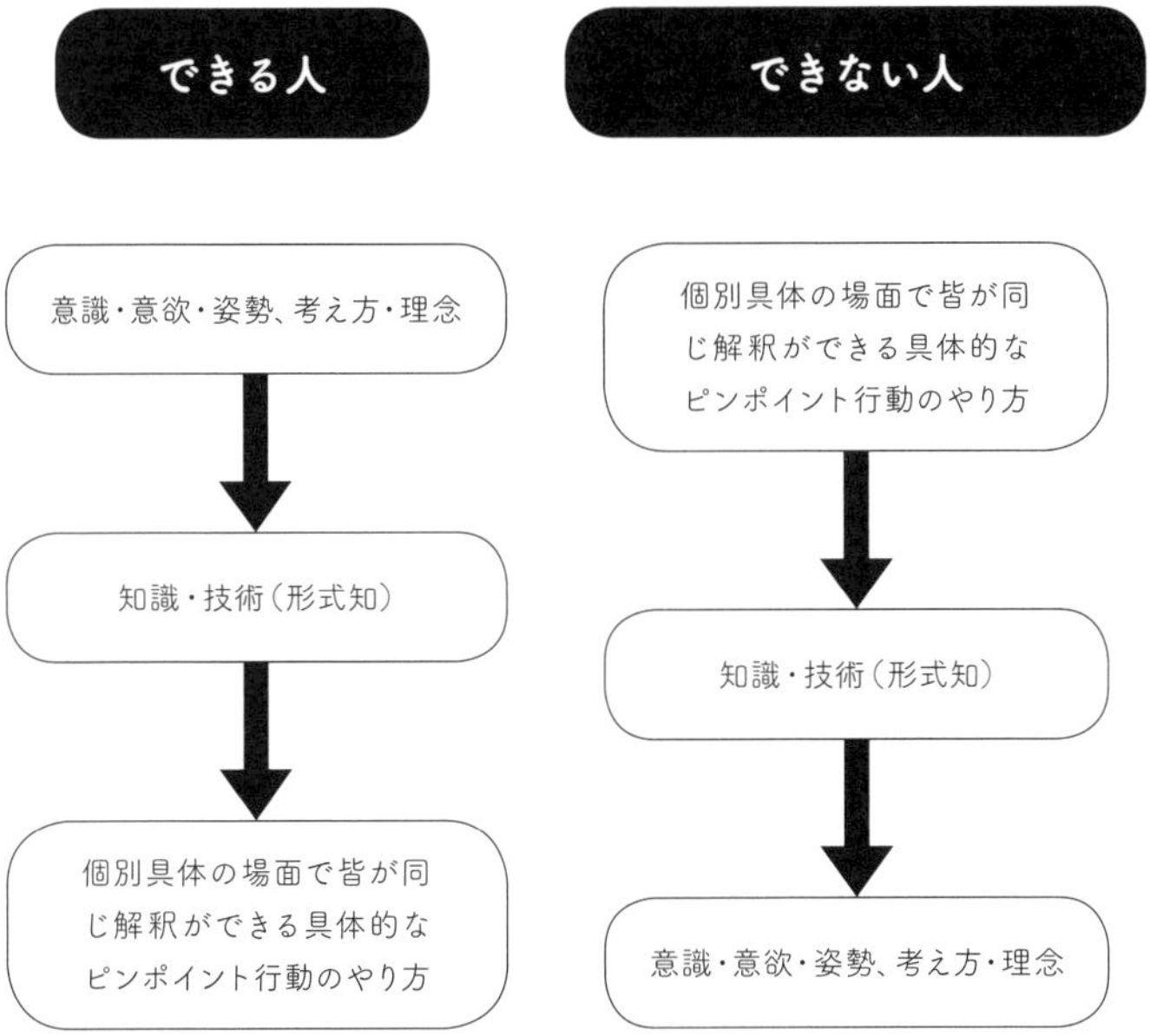

抽象的なことが理解できる。現場で試行錯誤し、振り返り、抽象的なことを具体化することができる。

抽象的なことを教えても、行動を始めることができない。まずは、行動を始めさせることで気づきがある。その気づきが知識・技術の習得を促す。その日々の積み重ねと１日を振り返る習慣をつけることにより、意識・意欲・考え方・姿勢が変わる。

ハイパフォーマーは抽象的な理念やスローガンが理解できるため、意識や意欲、理念などに訴えかければ、そこから自ら考えて知識や技術を身につけ、実際のビジネスの場面で望ましい具体的行動に変えていくことができます。

しかし、大半の人々は、抽象的なことを教えても、それを具体的な行動に結びつけることができません。ですから、むしろ逆に、具体的な行動を教えることから始めたほうがいいのです。

6割の普通の人は、「ここ」でつまずく

次に、6割を占める普通の人たちは、会社におけるマジョリティです。そのため彼らは、無意識のうちにも「自分は中心層である」という認識を抱きがちです。それは、**「自分はするべきことはできている」という〝認知のゆがみ〟**につながります。

これはかなりやっかいな問題で、本当はできていないのですが、「できていないことをできるようになろう」というスタートラインに、なかなか立ってくれません。

そういう彼らに対し、「本当はできていないじゃないか」と指摘するのは賢明ではありません。いたずらに自尊心を傷つけてしまうからです。

2割のハイパフォーマーの場合、もし自分にできないことがあり、それを他者から指摘されたような場合、「次にはできるようになろう」と行動を変えます。それが、傷ついた彼らの自尊心を回復する方法だからです。そして、実際にできるようになります。ハイパフォーマーは、できなかったことをできるようになるためには、前と同じ行動をしていてはいけないということをよくわかっています。

しかし、6割の普通の人たちは、自尊心が傷つくと行動自体をとらなくなります。前と同じ行動をしても、同じ評価が下されるのがわかっているからです。

つまり、彼らは自分の行動を改善しようとするよりも、かえって後退してしまうのです。その理由は、実はどう行動していいか、本当はわかっていないところにあります。

本当はわかっていないのに知ろうとしない6割の人たちに、それを改めてもらうのにも、本書でご紹介する「行動の教科書」が役立ちます。

行動の教科書では、だれがやってもできるように仕事を標準化します。それは、特別な個人を念頭に置いたものではありません。そこで、「わが社の仕事を改めて標準化してみたから、それぞれ確認してみよう」という提示のしかたができれば、自尊心を傷つけることなく取り組みに参加してもらうことができるでしょう。

具体的行動をとるなかで、気づきがあったときに知識や技術の習得が促され、その日々の積み重ねと1日を振り返る習慣をつけることによって、意識や意欲、理念という部分も身についていきます。

２割の「できない人」の伸びしろに気づけ

どんな有名大企業にも、２割の仕事ができない人が存在します。そして、たいていの上司は、彼らに対しサジを投げてしまっている感があります。

しかし、私に言わせれば彼らほど伸びしろのある人たちはおらず、そのままにしていてはもったいないのです。彼らは自分が結果を出せていないことはわかっており、言ってみればふだんから肩身が狭い思いをしています。そこで、結果が出せるように上手に導いてあげることで、長く会社に貢献してくれる存在になり得ます。

彼らは、上司が考えているほど「何をやらせてもできない」わけではなく、そもそも仕事のやり方がわからないからできないでいるだけです。

こんなことを述べると、「職場にいながら、仕事のやり方がわからないなどというのは論外だ」という反論が返ってきそうです。しかし、その認識こそが論外で、**仕事のやり方がわからないのは教えてもらっていないから**です。それ以外に理由はありません。

では、部下に仕事を教えるというのは、どういうことなのでしょうか。ただ方法を伝えるだけでは教えたことにはなりません。それによって部下が結果を出せたとき、はじめて「教えた」という上司の自己評価が可能になります。

業績につながる行動を具体的にとってもらい、とにかく一度、彼らに結果を出させてあげましょう。

人が「できない理由」は2つだけ

細かく教えなくても自分の感覚で業績をあげていけるハイパフォーマーと違って、８割の人たちは、そのままでは結果を出すことができません。

人が結果を出せないとき、その理由は２つしかありません。

1　結果を出すための「やり方がわからない」
2　やり方はわかっていても結果が出るまで「続けることができない」

この２つのどちらかです。

まず、「やり方がわからない」というのはどういうことでしょうか。たとえば、営業であるならば、「モノの売り方そのものがわからない」わけです。

それに対し、自身がハイパフォーマーである経営陣や管理職はこう思うでしょう。

「そんなことがあるものか。商品の魅力を説明して、購入してもらうだけのことではないか。売り方だなんて、そんな基本的なことがわからないはずはない」

しかし、わからないのです。頭ではわかっていても、具体的にどういう行動をとればいいのかわからないので、結果が出せないわけです。

また、「本人はわかっているつもりでもわかっていない」というケースもよく見受けられます。とくに、6割の普通の人に多いのですが、「自分は営業はできている」と思っているのに売れないのです。

これは、表面的には営業しているけれど、**成約につながる大事な行動（ピンポイント行動）が抜けている**ために起きます。

こういう状況で、「部下がいつまでたっても結果を出せないで嫌になる」と考えるのは間違っています。原因は教える側にあり、「いつまでたっても結果につながる行動を教えようとしなかった自分が嫌になる」と考えなければならないのです。

やり方がわからないでいる部下を前にして、まずやらなくてはならないのは、結果に結びつく行動を分解し、言語化することです。さらに、それをわかりやすい文章に落とし込み、いつでもだれでも使えるようにすることです。

これこそが、行動の教科書を作成する作業になります。

続けることができない人のための習慣化

「できない理由」の2つ目の、「やり方はわかっているのに、続けられない」という状況に置かれた人も多くいます。営業の方法はわかっていても、結果が出るまで顧客訪問したり、フォローアップしたり、継続できないのです。

ある著名な起業家のセミナーでは、参加者の8割以上がセミナー終了後に「とても感動しました。先生に教えていただいた方法を今日から必ずやってみます」と高揚して語るといいます。

ところが、実際には「今日から」は「明日から」に、やがて「いつか」となり、本当にそれをやるのはせいぜい1割。ましてや、**結果が出るまで継続する人**となると1パーセントいるかいないかだそうです。

ことほどさように、人は飽きっぽくできており、新しく何かを習慣づけるということが苦手なのです。

しかし、できないわけではありません。

私が運転免許を取ったばかりの頃、運転席でもシートベルトなどしませんでした。服が型崩れしてしまうし、運転もしにくくうっとうしかったからです。

それでも、法律で着用が義務化され、嫌々でもやっているうちにすっかり慣れてしまい、今では運転席に座ったと同時にシートベルトに手が伸びます。助手席に座ったときも同じようにしますし、数年後には後部座席の人も自然とシートベルトを着用するようになるでしょう。

習慣化とは、「しなくてはいけないと思う」ことが、「しないと気持ちが悪い」になり、「いつの間にかやっていた」と変化することです。

このように、人が新しい習慣を身につけるには、「**行動変容**」という少しずつ慣れていくプロセスが必要です。

行動の教科書を用い、上司が適切なフィードバックを行うことで、上手な行動変容が可能になります。

下位8割の「底上げ」こそが人材不足を解決する

これまで「言われたことしかできない」とか、「教えても覚えが悪い」とか、「やる気がない」などと期待せずにいた**8割の人たちの業績を底上げする**ことで、あなたが感じている人材不足のかなりの部分をカバーできます。

詳しくは1章以降に譲りますが、彼らに売り上げを立ててもらうために必要なのは「やる気の喚起」ではありません。「行動の教科書」です。具体的にどういう行動をとれば仕事がうまく回り結果が出せるのかを、だれが見てもわかるように標準化して示した非常にシンプルなテキストです。そして「行動の教科書」に記されたことに従えば、だれもが同じ行動をとることができ、一定水準の結果を出すことができるのです。

本書では、私がクライアント企業にアドバイスしている「行動の教科書のつくり方」を開示します。多くの企業で効果を実証済みの方法を、企業規模やビジネスの状況に合わせて導入し活用できるようステップを踏んで説明していきます。

本書の構成は、まず1章で、なぜ「行動」にフォーカスする必要があるか、上司にありがちな勘違いを例にとりながら解説します。2章で「行動の教科書」とはどんなものか、あなたが自社で作成するイメージを描いていただけるよう概観します。そして3章で、ある会社が行動の教科書をつくっていくステップを追いながら、具体的にどのように教科書をつくるのかを説明します。さらに4章で「行動の教科書」の導入のしかた、使い方を解説し、5章で「行動の教科書」を使うことによって成長を実感してもらうためのフィードバック法や、研修のあり方をお伝えします。

人材不足を嘆くのではなく、一刻も早く発想を転換し、8割の人の底上げに着手しましょう。そこにこそ、あなたの会社における価値ある「伸びしろ」が隠されているのだと気づいてください。

COLUMN
新入社員の「働く理由」が変わった

５ページでも触れた、日本生産性本部が毎年行っている新入社員の意識調査を見てみましょう。その調査では、いくつかの項目について質問し、「そう思う」かどうかが問われます。

２０１６年の調査で、「そう思う」という回答者が過去最低になったのが「自分には仕事を通じてかなえたい『夢』がある」（37・８パーセント）というものでした。また、「会社の運動会などの親睦行事には、参加したい」（61・５パーセント）という項目も過去最低の数字になっています。

逆に、「残業が少なく、平日でも自分の時間を持て、趣味などに時間が使える職場がよい」（86・３パーセント）や「子供が生まれたときには、育児休暇を取得したい」（84・１パーセント）などは、「そう思う」が過去最高となっています。

育休については、男性社員に限っても77・３パーセントがとりたいと思っていることがこの調査でわかっています。８割近い男性社員が、育休をとりたいのです。

そういう従業員に対して、「男が何を言っているんだ」「仕事あっての家庭だろう

新入社員は仕事よりもプライベートが大事

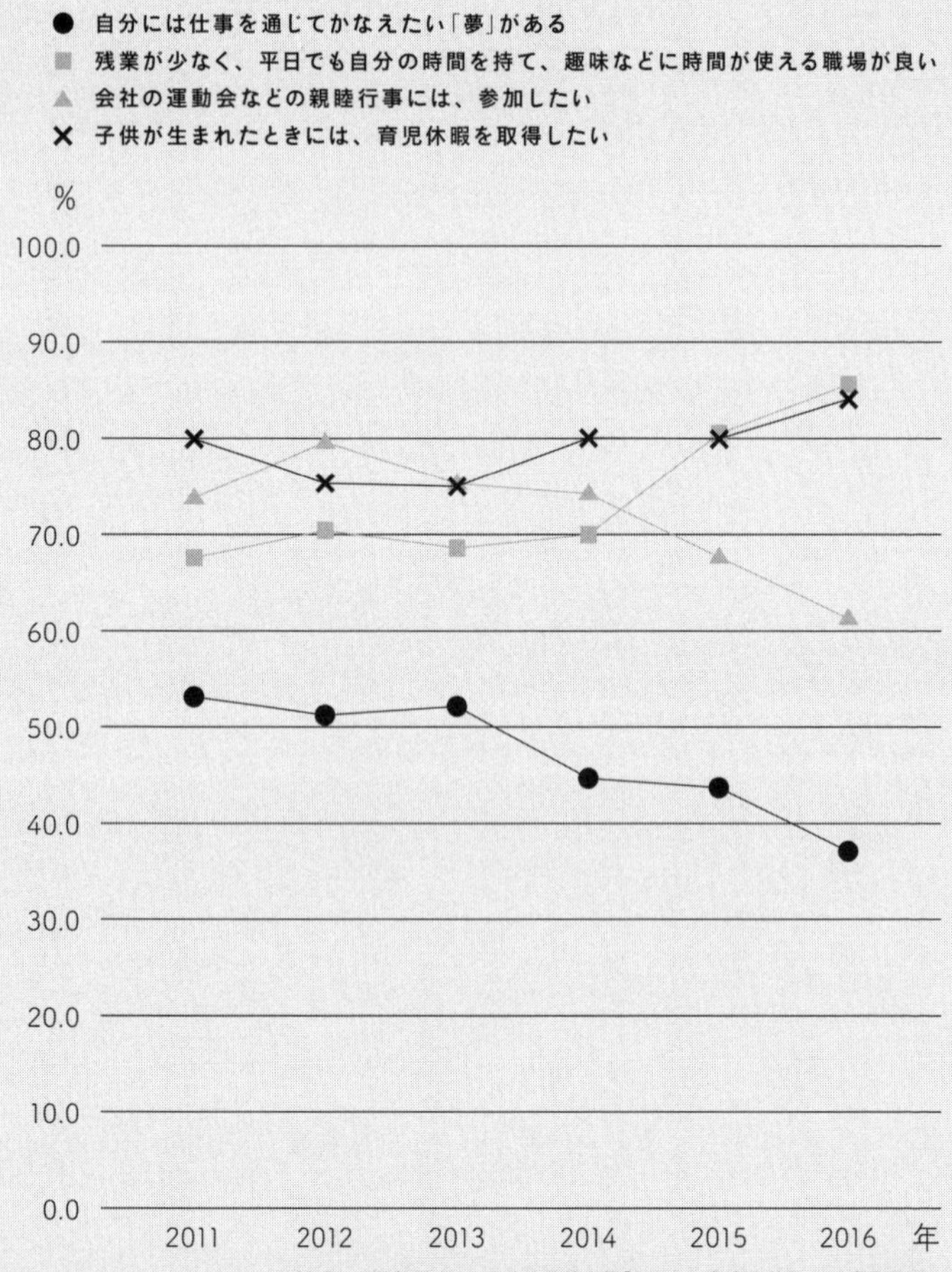

（出典：公益社団法人　日本生産性本部「2016年度 新入社員 秋の意識調査」）

が」などと言っているようでは、とうてい企業経営は成り立たないことを自覚しなくてはなりません。

いずれにしても、これらの結果を見れば、ここ10年くらいで「会社で働く」意味合いが大きく変わってきたことがわかります。

要するに、入社して間もない若者たちは、会社の仕事に自分の人生や夢を託そうなどという思いはさらさらなく、プライベートを充実させることを最重視しています。しかも、そのプライベートのあり方も多様です。

ただ、自分のプライベートを充実させるためには、一定の給料を受け取らなければならないということは理解しています。また、彼らも成長意欲は持っています。さらに、「働くからにはダメ社員ではいたくない」という思いもあるでしょう。だから、そのために必要な仕事をちゃんと教えてほしいと考えています。

これからの時代に非常に大事なのは、若い社員に正しく仕事を教えることです。だれにでも理解できる手法で教えることです。それによって、彼らが業績を上げやすくなるのはもちろんのこと、離職率が下がっていきます。

1

なぜ行動にフォーカスするのか

1
就活生の質問は「ちゃんと教えてくれますか？」

大学新卒者の採用にあたり、最近、人事担当者が学生から頻繁に受ける質問があるそうです。

「残業はどのくらいありますか？」
「ちゃんと仕事を教えてもらえますか？」
「社内の雰囲気はどんな感じでしょうか？」

20〜30年前に就職活動をした世代には、「こんな質問、口に出したら秒殺で不採用だろう」と言われそうですが、この3つは「絶対聞かれる」と採用担当者は口を揃えます。

つまり今の学生たちは、**残業が少なく、ちゃんと仕事を教えてもらえる、雰囲気のいい職場で働きたい**と願っているわけで、これらのポイントをクリアしていけば、人材の流出も抑えられます。

この3つの要素は、一見バラバラなようで実はリンクしています。

全部をクリアするのに最も重要なのが「ちゃんと仕事を教える」という要素です。残業が増えてしまうのも、人間関係がギスギスするのも、仕事がうまく回らないからです。新人がちゃんと教えてもらえて仕事がうまく回り、いい業績を残せたらすべて解決します。

職場においては、そこにいるメンバーが仕事でいい業績を上げることが不可欠です。一人ひとりに仕事をちゃんと教え、結果を出させてあげれば、残業もなく雰囲気のいい職場となるでしょう。当然、組織としても高い成果が上げられるでしょう。

ところが、実際には見当違いなことが行われています。「ちゃんと教えている」つもりでも、そうではないのです。

あなたは部下や後輩に仕事を教えるとき、以下のような言葉を使っていないでしょうか。

次ページからのリストを見ながら、自分が使う言葉にチェックを入れてみてください。

日々の仕事で、これらの言葉をいくつ使っていますか？
使っている言葉にチェックを入れてください。

- □**一致団結する**
- □一体感をつくる
- □協力する
- □じっくり話す
- □強化する
- □本気を出す
- □自信を持つ
- □**相手の立場に立つ**
- □視野を広げる
- □アンテナを高くする
- □センスを磨く
- □目標を達成する
- □ **PDCAを回す**
- □検証する
- □信念を持つ
- □流れを読む
- □興味を持つ
- □**挑戦する**
- □問題解決をする
- □ビジョンを持つ
- □コツをつかむ
- □本質を見極める
- □仮説を持つ

- □物売りから事売り
- □考えを深める
- □原因を考える
- □ねかせる
- □深掘りする
- □対策案を出す
- □構造化する
- □決める
- □絞り込む
- □話をする
- □安心感を与える
- □メモをとる
- □積極的にやる
- □がんばる
- □マインドを高める
- □膝を突き合わせる
- □**思考する**
- □**具体化する**
- □**信頼関係をつくる**
- □好かれる
- □強く印象づける
- □一言気持ちをそえる
- □興味・欲求を見きわめる

- □相手のためを思う
- □考えさせない
- □ストレスを与えない
- □心を開く
- □波長を合わせる
- □否定せず承認する
- □熱を上げる
- □懐に入り込む
- □モチベーションを上げる
- □**臨機応変にやる**
- □その場に応じてやる
- □直観を信じる
- □**分析する**
- □知識を増やす
- □接触する
- □**普通にやる**
- □正しく正確にやる
- □なるはやでやる
- □早くやる
- □ちゃちゃっとやる
- □**ちゃんとやる**
- □**しっかりやる**
- □**きっちりやる**

＊太字はとくに気をつけたいスローガン言葉　

無意識のうちに使っていませんか？
スローガン言葉のチェックリスト

☐**意識する**
☐意識を変える
☐心から願う
☐熱意を持つ
☐危機感を高める
☐観察する
☐洞察する
☐能力を上げる
☐**確認する**
☐安全点検する
☐認識する
☐明確にする
☐準備する
☐連携する
☐全体をみる
☐作成する
☐想像する
☐企画する
☐徹底する
☐スキルを上げる
☐**注意する**
☐報告する
☐相談する
☐評価する
☐**相手目線になる**
☐表情を読む
☐空気を読む
☐雰囲気をつかむ
☐顔色をうかがう
☐関係をつくる
☐管理する
☐促進する
☐調整する
☐検討する
☐**目的を持つ**
☐計画する
☐まとめる
☐理解する
☐主体的にやる
☐自分で考える
☐**ニーズを把握する**
☐整理整頓する
☐把握する
☐円滑にする
☐迅速にやる
☐速やかにやる
☐定着する
☐**改善する**
☐創造する
☐向上させる
☐意欲を持つ
☐支持する
☐**身につける**
☐強化する
☐気持ちを込める
☐責任感を持つ
☐切り替える
☐自覚する
☐効率化する
☐打合せをする
☐変革する
☐**チェックする**
☐推進する
☐確実にやる
☐一所懸命やる
☐真剣に取り組む
☐努力する
☐人間性を高める
☐原理原則に従う

2

「教えているつもり」が、スローガン言葉になっている

さて、前のページのリストであなたは何個チェックマークが入ったでしょうか？リストには138の言葉を挙げていますが、私たちが研修を行ったなかでは、最高で120個チェックの入った部長さんがいました。

これらの言葉はどれも「ちゃんと教えているつもり」で上司が部下に言いがちなことですが、実は8割の人にとって、行動できない「スローガン言葉」なのです。

たとえば6割の「普通の人」に「真剣に取り組め」と言ったとすると、「今、真剣にやってますけど……」と、これ以上どうしろというんだと反発が返ってくるだけでしょう。また2割の「できない人」に「視野を広げろ」と言っても、「視野を広げるってどういうこと？」「何をすればいいのだろう？」と身動きできなくさせるだけでしょう。

部下が上司に望んでいるのは、「頑張れ」と発破をかけてくれることではありません。「とにかく結果を出せ」とか「今が踏ん張りどころだ」とかいった漠然とした指示ではあ

りません。ましてや、「やる気を見せろ」「背中を見て覚えろ」などと精神論を振りかざされることではありません。

彼らが知りたがっているのは、単純に「**どうすればいいか**」だけ。高邁な目標ではなく、実務的な目標にたどり着くための方法なのです。

「私は方法についてもしっかり教えている」と多くの上司は思うでしょう。では、部下はあなたが望んでいる行動をとっていますか？

とっていないとしたら、教えていないのです。その部下の能力が低いからでもやる気がないからでもなく、具体的に教えてもらっていないから、できていないだけです。

「主体的にやれ」
「挑戦しよう！」
「本質を見極めろ」
「危機感を持て」……

どれもこれもスローガンそのものです。

これら**スローガン言葉は、人によって捉え方がまったく異なります。**口にしている人が望んでいるようには伝わりません。

あなたはふだんから、こうした言葉を口にしていないでしょうか。もし、口にしておきながら、「ハイパフォーマーを除いた8割の人間にはたいして期待できない」と考えているとしたら、あなたの罪は大きいと言えます。彼らに期待できなかったのは、あなたがこうした言葉を口にしていたからなのです。

3 スローガン言葉では行動を起こせない

ある飲食店の経営者は、フロアを担当しているアルバイト店員へのイライラが募っています。あまりに気が利かないので、**「もっと、お客様を見ろ」**と注意したら、本当に見るだけだったというのです。

経営者が望んでいるのは、お客様一人ひとりの状況を把握することです。たとえば、高齢者が来店したら足取りを見て、お座敷ではなく座りやすい椅子席にゆっくり案内するといった気の利かせ方をしてほしいのです。

しかし、こうしたことは明確な言葉で伝えなければわかりません。アルバイト店員は、「入店した順番に、座敷窓際の眺めのいい席から案内する」という店のマニュアルに従っているだけでしょうし、もしかしたら「高齢者は畳が好きだろう」と考えているかもしれません。

「お客様を見ろ」「気を利かせろ」などとわかりにくい要求をするのではなく、とってほしい行動を具体的に教えていくしかありません。

私が最近コンサルティングを行うことになった企業で、これまでよく使われていた言葉が、「お客様の立場になって話を聞いて来い」というものでした。

実際に、販売マニュアルの中にも「お客様の立場になって話を聞く」というフレーズがありました。マニュアルをつくった人は、それで現場が動けると思っているのです。

しかし、現場の従業員にインタビューすると、ほとんどの人が「どうしていいのかわからない」と答えました。**「お客様の立場になって話を聞く」**というのは、わかったようでいて極めて抽象的で曖昧な表現なのです。

そもそも、自分以外の人の立場になるなど物理的に不可能です。不可能なことを、あたかも可能であるかのように表現してしまうのが、スローガン言葉の恐いところです。

「お客様の立場になって話を聞く」とは、具体的にどんな行動をとることなのかをステップ・バイ・ステップで指示しなければなりません。たとえば、「お客様の目を見て」「うなずきながら」話を聞くことは、お客様の立場になる第一歩といえるでしょう。

4 「大丈夫か？」と声かけされた若手が辞めた理由

ウェブデザインを中心に事業を展開する企業のある部署で、最近、立て続けに若い社員が辞めていきました。40代の上司は、部下に対する気づかいは欠かさずにいたつもりだったので大変なショックを受けました。

その上司の口癖は「大丈夫か？」でした。

新しい指示を出すとき、途中報告を受けるとき、一緒に外出するとき、あるいはランチタイムや飲み会でも、「仕事、大丈夫か？」「体調、大丈夫か？」などとたびたび声をかけていました。

その都度、部下は「大丈夫です！」と元気に答えました。だから、安心していたのです。

しかし、上司から「大丈夫か？」と聞かれて「大丈夫ではない」と答える部下はほとんどいません。また、「大丈夫か？」という声かけ自体が非常に曖昧で、部下はそれに対して自分が理解できていないことや相談したいことをどう提起していいかわかりません。そのため、問題を1人で抱え込み失敗してしまうのです。

それに対してお客様から叱られたり、上司が「大丈夫と言ったから任せたのに……」とがっかりした様子を見せたりすれば、傷ついた部下は心を閉ざすか、辞めてしまうことになります。

この上司に、部下への愛情が欠けていたわけではありません。むしろ愛情豊かなほうだと言えます。でも、極論すればそんなものは必要ないのです。

上司と部下の間で交わされるべきは、「大丈夫か？」「大丈夫です！」などという曖昧なやりとりではありません。**結果を出すための具体的行動を上司が提示することと、部下によるその履行**が必須です。

職場においては、それさえできていれば充分なのです。

5

「行動」とは何か？——MORSの法則

本書でフォーカスする「行動」とは、どんなものなのでしょう？
以下に挙げることは「行動」でしょうか？　ちょっと考えてみてください。

□営業する。
□目標に向けて頑張る。
□モチベーションを高める。
□同僚とコミュニケーションをとる。
□部下との絆を深める。
□きちんと話し合う。
□プレゼンで説明する。

私の専門である行動科学マネジメントでは、こうしたことは、すべて行動とは認めません。それができているかいないかの評価が下せないからです。

行動科学マネジメントでは、「MORS（モアーズ）の法則」に従って行動を規定しています。MORSの法則は**「具体性の法則」**とも呼ばれ、次の4つの要素からなっています。

M＝Measurable（計測できる）
O＝Observable（観察できる）
R＝Reliable（信頼できる）
S＝Specific（明確化されている）

これらのうち、1つでも欠けていれば行動とはみなしません。

行動の教科書を作成するにあたっては、MORSの法則に従って、徹底した具体化を図っていきます。

とくに「M＝Measurable（計測できる）」は重要です。**日時、期限、回数、金額など、できる限り数値を出して行動を示します。**それによって、「できているかいないか」の評価が確実に公平に行えるからです。

当社がコンサルティングに入ることになったある営業系の企業では、「取引先に行ったら元気に挨拶をしろ」という指示がなされていました。

しかし、「元気に」は人によって違います。実際に、当社のスタッフが調査してみたところ、本人は笑顔をつくっているつもりがヘラヘラしているように見えたり、明るく胸を張っているつもりが傲慢に映ったりというケースが散見されました。

そこで、まずアドバイスしたのが「取引先では通常の3倍の声で挨拶して」というものでした。これだけで、競合他社の担当者より強く印象づけることができます。

ただし、「お客様が電話していたり、打ち合わせ中であるなら通常の0・5倍で」という条件もつけました。

実は、こうしたことは、2割のハイパフォーマーはふだんから自然にできています。おそらく、あなたもそうでしょう。相手の様子を見て声の大きさを変えるなんて「当たり前」ですよね。しかし、「だからだれでもできる」と考えるのは大きな間違いなのです。

ちなみに、「いつもの声」「その3倍の声」「0・5倍の声」については、スタッフの前で発声してもらい、感覚を習得してもらっています。

このとき、音量測定器を用いるのもいい手です。「〇ホーンで」と数値化すれば、なお明確になります。

すべてにおいて、ここまでやることが重要なのです。MORSの法則に従って、明確な基準を見せてあげてください。

6

現場で求められているのは、「具体的行動の指示」

大学生である私の甥は、長くチェーンの飲食店でアルバイトをしています。最近、親しかったアルバイト仲間が辞めてしまい、仕事が自分に集中して大変だと嘆いていました。仲間が辞めてしまった理由は、「店長が叱ってばかりで丁寧に仕事を教えてくれないから」だそうです。

チェーンの飲食店では、新しいメニューやお客様への提供のしかたなどの指示が、本部からたびたび入ります。それらについて細かく教えてくれないくせに、間違うとガミガミ言うことに嫌気がさしてしまったようです。

もしかすると店長は、「叱っていることイコール教えているつもり」なのかもしれません。過去において、「叱られてこそ人は育つ」とか「上司が部下を叱るのは愛があるからだ」といった認識がビジネスの現場にはありました。しかし、これからの時代、「叱る」は相当に高度なテクニックになっていきます。

当社のクライアント企業にも、滅多なことがない限り「叱る」は使わないようにしてもらっています。「育ってもらいたいから」という上司の思惑とは、まったく違った結果になることが多いからです。

実際に、今の若者は叱るとすぐに心が折れてしまい、心配したお母さんから会社に抗議の電話がかかってくるということが本当に起きます。さらに深刻なケースでは、労働基準監督署に駆け込まれたり、「仲裁屋」とでも呼ぶべきタチの悪い人間が関わってきて金銭を要求されたりすることすらあります。

「叱る」という、これまでの上司にとって当たり前だった行為が、これほど大きな問題に発展するのは、叱られた側に「いわれのない文句をつけられた」という被害者意識があるからでしょう。

このとき、「いわれがあるかないか」を議論していても始まりません。こういう時代には、「とるべき行動を具体的に示す」ということが必要です。

たとえば、**「今日の正午までにアポとりの電話を3本かけて」**と明確に指示したのに、その行動をとらなかったのであれば、「○○君はできていないね」と言っていいし、評価でマイナス点をつけることもできるでしょう。

しかし、**「積極的に電話をかけろ」**と曖昧な基準で指示を出したらどうでしょう。上司には「できていない」と見えても、部下は「ちゃんとやった」つもりかもしれません。そこで叱れば、「いわれのない文句をつけられた」部下の、上司に対する感情は悪化するばかりです。

このように、不必要な齟齬によって、ビジネスが回らなくなっていきます。

現場で求められているのは、「具体的行動の指示」なのです。

7 行動を分解すると、だれにでも理解できる

行動を具体的に示すとは、どんなことをすればいいのでしょう？

ある営業会社の部長が、新入社員に訓示を垂れました。

「信頼関係を深めるために、お客様のことをよく勉強してから提案しなさい」

しかし、これを理解できるのは2割のハイパフォーマーだけ。8割の普通の人・できない人には、まったく意味をなさない訓示です。

「信頼関係を深める」とは、いったいどういうことなのでしょう。

そもそも、信頼関係ってなんでしょう。

よく勉強するとは、具体的に何をすればいいのでしょう。

提案とは、どういう行動を指すのでしょうか。

「いちいち、そんなこと聞くな！」と怒られそうですが、ここは重要なポイントです。肝腎なのは、きれいな言葉でまとめることではなく、**8割の部下たちが行動に移せるかどうかです。**

彼らに行動に移してもらうには、徹底的に分解して見せることが必要です。一連の行動がつながったままでは、何がどうなっているかわかりません。

行動を細かく分解するための練習として、私がセミナーでたびたび行っているワークがあります。「ペットボトルの水をコップに注ぐ」という動作を、できるだけ小さな行動に分解するというものです。行動科学に関する私の著書を読んでいる読者にはおなじみの課題なので、「もう何度もやっているよ」という方は飛ばしてください。「以前にやったけど忘れた」という方や、初めての方はためしに挑戦してみてください。

いくつの行動に分解できましたか？

まさか、「ペットボトルのキャップを開ける」「コップに水を注ぐ」の2つで終わりではありませんよね？

この行動は、次ページにあるように27の行動に分解できます。ここまで分解してはじめて、どんな人でも同じようにできるのです。

今、小学校の授業でプログラミングが取り上げられようとしています。プログラミングの基本は、まさに分解作業。分解することで仕組みが明らかにされ、さまざまな再構築も可能になっていきます。

あなたの会社の仕事をだれにでもわかるように説明するには、徹底した分解が必要です。

ペットボトルの水をコップに注ぐ

1　ペットボトルを見る。
2　ペットボトルに利き手と反対の手をのばす。
3　ペットボトルをつかむ。
4　ペットボトルを引き寄せる。
5　利き手でキャップをつかむ。
6　キャップを時計と反対回りに回して開ける。
7　キャップをテーブルに置く。
8　利き手でペットボトルをつかむ。
9　ペットボトルを上げる。
10　利き手と反対の手でコップをつかむ。
11　コップを引き寄せる。
12　ペットボトルをコップの上に移動させる。
13　ペットボトルの口を下にして傾ける。
14　水が少しずつ出てくる角度で止める。
15　コップとペットボトルを交互に見る。
16　コップの8分目くらいまで水が入ったら、ペットボトルを垂直に戻す。
17　利き手と反対の手をコップから離す。
18　ペットボトルをテーブルの上に置く。
19　ペットボトルから手を離す。
20　利き手でキャップをつかむ。
21　利き手と反対の手でペットボトルをつかむ。
22　キャップをペットボトルの口まで移動する。
23　キャップをペットボトルの口にかぶせる。
24　キャップを指でつかむ。
25　キャップを回して閉める。
26　キャップから手を離す。
27　ペットボトルから手を離す。

8 いい行動の積み重ねが、いい結果を生む

私がよく利用する都内のコンビニでは、外国人の店員が増えています。おそらく、8割以上が外国人と思われます。

コンビニの仕事は多岐にわたりますが、彼らはほぼ問題なく業務をこなしています。仕事の標準化ができているからでしょう。

コンビニチェーンのように、早くから人材不足の時代を予見し、標準化が進められてきたところと違い、個人が経営する飲食店などは苦労しています。

ある居酒屋では、外国人のアルバイト店員に「お客様に対してもっと丁寧に接しろ」という指示を店長が何度もしつこく出しています。いくら言ってもそれが守られることがないからです。

しかし、外国人アルバイトは丁寧に接しているつもりです。たとえば、「お金は丁寧に扱え」という指示も「お客様に失礼なおつりの渡し方をするな」という指示も守っているつもりで、何も悪気はありません。

店長は、もっと**行動を分解して**教えなければいけません。

1　おつりのお札を渡すときには、お客様の前で数える。
2　お札の向きを揃え、肖像画の入っているほうを上にして渡す。
3　小銭を渡すときは、まずお客様の手の下に触れない程度に左手を添える。
4　その後、右手の小銭をお客様の手のひらに置く。

せめて、このくらいに分解する必要があるでしょう。

「これが私の求めている丁寧なおつりの渡し方なんだ」ということを、理念ではなく具体的行動で教えることが重要なのです。

「お客様に失礼なおつりの渡し方をするな」という指示では、従業員には抽象的過ぎて伝わりません。

まず具体的行動を教え、それを繰り返して自分の型にしてもらえたら、やがて「なるほど、こういう渡し方をすれば、お客様も喜んでくれるし自分も気分がいい」ということも理解してくれるでしょう。

そして、その学びが、さまざまなシーンにおけるお客様との接し方にいい効果を及ぼします。

いい結果はいい行動の積み重ねによって生まれます。しかし、「何がいい行動なのか」が明確でなければ、違うものを積み重ねてしまいます。

あなたの仕事を具体的行動に分解し、「いい行動」を抽出していきましょう。

9 目標だけでは、どうすればいいかわからない

ある中堅小売企業の店長会議で、人材の確保が議題に上りました。

集まった20名ほどの店長からは、「とにかく人が欲しい」「本部から配属されてきた人間がろくでもない」「多少ましだと思って期待していた人間に限ってすぐに辞めてしまう」という不満が噴き出しました。そして、「どこの店舗もこういう状況なのは、明らかに採用の現場がおかしいのだ」という結論に至りました。

このように、人材に苦しむ現場管理職からは、「採用担当者を変えろ」とか「コンサルティング会社を変えろ」といった声がよく上がります。

しかし、いくらそれをやってみたところで事態は変わらないでしょう。辞めていく部下を見たときには、「採用のしかたが悪い」と毒づくのではなく「自分がその部下を育成できていなかったのだ」ということに気づかなくてはなりません。

ビジネスの現場における上司の役割は、部下に目標を投げることではなく、**目標へ到達する道筋を示してあげること**です。

たとえば、「春の新商品を徹底的に売り込め」とか「女性客の購入額を1割アップさせろ」といった目標が経営陣から降りてきたとしましょう。それをそのまま部下に伝えるのでは上司失格です。

8割の人たちにとっては、そうした**目標を提示されても、そこにたどり着くまでの方法が示されていなければどうしていいかわかりません。**わからないままに毎日売り場に立っていても業績にはつながらないし、「ここにいても成長できない」と感じて辞めてしまうかもしれません。

それに何より、いつまでたっても上司自身が楽になれません。

先ほどの店長会議の結論が、いかにおかしいか考えてみましょう。

どこの店舗でも「来る人来る人辞めてしまう」としたら、その「来る人たち」は多数派だということです。だから、採用担当者やコンサルティング会社を変えてみたところで、また同じようなことが繰り返されるだけです。

もはや、「仕事ができないやつばかり来る」とか「すぐに辞めてしまうやつばかり来る」という認識自体が、まったく現実にそぐわなくなっています。

部下たちには、目標を示すだけでなく、そのための具体的行動を示してあげなくてはなりません。変わらなければいけないのは、教える側なのです。

10

「成功例」だけでは学べない

不動産系のベンチャーとして頭角を現してきた東京のある企業では、毎週月曜日の朝礼で成功例の発表を行っています。

前週に契約を取れた社員を社長が紹介し、続いてその本人がみんなの前で「どのようにその仕事を進めたか」を説明します。それを聞くことによって、ほかの社員がまねできると社長は考えているのです。

しかし、実際には社長が期待しているような「成功の連鎖」は起きていません。成功者の話を聞いても、8割の社員には、何を言っているかよくわからないからです。

そもそも、ハイパフォーマーは感覚で動いて仕事ができてしまっているので、具体的行動に落として説明するのが苦手です。彼らの話を聞いて、自分自身がハイパフォーマーである社長なら「なるほど」と思えても、8割の社員は何をすればいいのかまったくつかめません。

社長は、「こんなにいい話を聞いておきながら、どうして同じように動けないんだ」とイライラするわけですが、それも当たり前のことなのです。

この企業に限らず、成功例を発表させ「みんなもここから学べよ」と発破をかける指導が多くなされています。しかし、**成功事例の発表会は、その場は盛り上がったとしても実際の業績にはつながりません。**

下手をすると、「これほど話を聞かせてもらってもどうしていいかわからないなんて、やっぱり自分はダメなんだ」「あの人たちのようには、とてもできない」と、8割の人たちを絶望させる結果になってしまいます。

大事なのは、成功例を見せることではなく、成功するために何をどうしたらいいかという行動を、ステップに分解して教えてあげることなのです。

11 スローガンを具体的行動に落とす

私が行動科学マネジメント理論を学ぶためにアメリカに渡ったとき、最初に指摘されたのが「重要なのは現場の人間の行動だ」ということでした。

会社の売り上げを立てるのは現場の人々であり、社長でも役員でもありません。いかに現場の人たちが今よりも多くの売り上げを立ててくれるかが重要で、その売り上げを立てるのは現場の人の「行動」なのです。

経営陣や管理職の最も重要な責務は、売り上げにつながる行動、とるべき行動を現場の人々に具体的に伝えること。そして、それを可能にするのが行動の教科書です。

実は、多くのビジネスの現場では、具体的な行動ではなく曖昧なスローガンが伝えられています。

当社のクライアント企業が、かつて「現場に向けて具体的に発しています」と胸を張っていたフレーズを、いくつか紹介しましょう。

「お客様すら気づかない、お客様のニーズをキャッチしろ」

「自分が置かれた場所で、一人ひとりができることを全力で」

「臨機応変ができる社員に！」

「押し売りをするな。歓迎される営業マンになれ」

「身だしなみが9割！　チェックを怠らないこと」

「アンテナを10センチ高く！」

「1つの報告でも、100パーセント本気を伝えろ」


どれもこれも、指示を出しているほうは具体的なつもりのようですが、わかったようでわからないスローガンばかりです。

もちろん、経営陣がスローガンを掲げること自体はいいのです。ただ、そのスローガンで動けるのは一部のハイパフォーマーだけ。8割の社員は、そこから具体的行動を導き出せません。

現場で働く部下を持つ人間に必要なのは、スローガンを「具体的行動」に落とすこと。いわば翻訳作業です。それをせずして、ただスローガンを伝えているだけでは部下が動けるはずがありません。

12 なぜ、マニュアルでは底上げができないのか

行動の教科書をつくることを提案すると、多くの企業から「うちにはすでに立派なマニュアルがあります」という答えが返ってくることがあります。

ワンマン経営の中小企業などでは、「社長の存在自体がマニュアル（＝社長の発言次第で社員が動く）」というケースもままありますが、今はたいていの職場に何らかのマニュアルらしきものがあります。とくに大企業では、マニュアル作成のための専門部署を設けているところもあるほどです。

流通業界のある企業では、一昨年、数千万円を費やして「完璧」とも言える分厚いマニュアルをつくりました。それを日本全国の販売店に配り、大いに効果を期待したものの、業績には何の変化も現れませんでした。

調べてみると、業績トップクラスの販売店の中で、そのマニュアルを活用しているのは1割もありませんでした。同時に、「マニュアルを全従業員に読ませた」というような店舗で売り上げが伸びることもなかったのです。

つまり、数千万円のマニュアルはまったく機能していないということです。

どうして、こんなことになってしまうのか。実は、たいていの企業のマニュアルをひもとくと、知識ばかりが羅列されていて、具体的行動は示されていません。1割くらい、やや具体的と思えるようなことが書いてあっても、スローガン言葉で終わっています。「お客様視点」「ニーズをキャッチ」「他社にはできない提案」など、立派な言葉は並んでいるものの、実際にどうすればいいのか、その最も大事な部分については書かれていないことがほとんどです。

これでは、結果につながるはずがありません。

マニュアルには、立派なこと、難しいことを書いてはなりません。それを書いた瞬間に、マニュアルは死にます。

COLUMN

やってはいけない「悪い行動」も具体的に示す

すべてのいい結果は、いい行動の積み重ねによって生まれます。

瀬戸大橋やスカイツリーも、いきなりできたわけではありません。作業員一人ひとりが、とるべき行動を地道に繰り返し、積み重ねてきたからこそ完成したのです。

その、とるべき行動がどういうものであるか、一人ひとりの作業員に対して現場責任者は具体的に告げてきたはずです。完成予想図だけ見せて「こうなるように頑張ってよ」と言ってできるはずがありません。

いい結果がいい行動の積み重ねで得られるように、悪い行動が繰り返されれば悪い結果につながります。その悪い行動とは何なのかについても具体的に伝えていくのが上司の仕事です。

スカイツリーの建造でいえば、作業員一人ひとりが、「やってはいけない行動」をとらなかったからこそ、リスクマネジメントがうまくいって成功したのでしょう。

以前、ある大企業の工場が火災を起こし、全焼するという事故がありました。原因は、従業員のタバコの不始末でした。それを知って私は、「そんな基本的なことも指導が行き届いていないのか」と驚いたものです。

経営陣や管理職の感覚では、「会社の資産が詰まった、しかも可燃物が多い工場でタバコなど吸わないだろう」とか、「吸うとしても最大の注意を払い、吸い殻には水をかけるはずだ」と思います。

しかし、従業員は言われなくてはわからないし、過去に同じようにタバコを吸っていて火事など起こらなかったのだから、吸い続けていただけのことでしょう。

1　とってほしい望ましい行動を具体的に示し、かつそれが繰り返されるようにする。

2　とってはならない悪い行動も具体的に示し、それが消去されていくようにする。

この2つが、これからの企業で徹底されるべき従業員教育です。

「しっかりやれ」とか「さぼるな」といった曖昧な指示は封印して、いい行動・悪い行動を具体的に示しましょう。

2

だれもが同じ行動がとれる「行動の教科書」とは？

1

小学校の教科書を思い出せ

これまで業績を上げることができずにいた8割の従業員が、確実に結果を出せるようになる「行動の教科書」と聞いて、あなたはどんなものを思い浮かべるでしょうか。

しっかりとした分厚いマニュアルみたいなものでしょうか。

そこに書かれている内容はどんなレベルでしょう。

大人になってからも参考にできる「かつて使った教科書」としては、高校時代の世界史や日本史、英文法などを挙げる人が多いようです。だから、簡単にしてみたところで、せいぜい高校3年生くらいのレベルだと思うかもしれませんね。

実は、本書で提案する行動の教科書は、おそらく、あなたが想像しているであろうものとはまったく違います。

行動の教科書は、ズバリ、小学校の教科書をイメージしてもらうといいでしょう。用いる言葉は5年生が理解できる範囲で、見せ方については1年生の教科書に近いものです。

ただし、誤解しないでください。私は断じて、あなたの仕事のレベルが低いと言っているわけではありません。あくまで部下の導き方について述べています。**仕事のレベルが高ければ高いほど、簡単な手法に分解して示さなければ部下は結果が出せません。**しかし、多くの経営者や管理職がそれに気づかず、部下が結果を出せない方向に導いているのです。

ちょっと思い出してみてください。小学校に入ったばかりのときに配られる教科書は、国語も算数もほかの教科もみんな、大きな文字で書かれていて、カラーのイラストも多用されていたはずです。

いくらきちんとしたことが書いてあっても、子どもたちがそれを開いてくれなければ学習は進みません。だから、小学校の教科書は、見ていて楽しくわかりやすく、勉強が好きになるような工夫がされています。

仕事だって同じなのです。

8割の、なかなか結果が出せずに苦しんでいる従業員は、面白くもない分厚いマニュアルは開きません。開いたとしても、難しい漢字や専門用語が並んでいたら読みません。

大事なのは、そういう彼らを「レベルが低い」と決めつけることではなく、彼らが実際に開いて活用してくれるものをつくることです。

当社がクライアント企業に提出する行動の教科書には、赤、青、黄色などのカラーや、さまざまな大きさの文字が使われ、「まずはどこに注目したらいいのか」についても視覚的に誘導できるようになっています。

さらに、その行動がとれているかどうかをチェックするボックスには「いいね」「すごい」「さすが」「やった！」など、彼らになじみやすい言葉が使われています。次ページに行動の教科書の一例を挙げましたが、「欠品を納入しただけで『さすが』になるなんて甘すぎる」と思われるかもしれません。しかし、私たちはできない2割に合わせた言葉にするようおすすめしています。地方の企業の場合、よりなじみやすい方言にすることもあります。さらに、**すべて肯定的な言葉**を入れるようにしています。

従来のものにありがちな「A」「B」「C」とか、「できている」「できていない」とか、ランク分けでプライドを傷つけるような評価はしません。

だからこそ従業員は「やらされ感」なく、いい行動をとれるようになるのです。

お客様をイライラさせない仕事のしかたを身につけよう

お客様からの「あれ、どうなった？」の一言はすでに、小さなクレームです！

問われる前に手配状況を報告しよう

	いいね	すごい	さすが
A社から、新規注文について見積りを出すように依頼された件について	当日のお礼 □	中間報告 □	期日内決済 □
B社のC部長から当社D部長との面談希望いただいた件	D部長に報告 □	C部長に連絡 □	面談日決定 □
E社からの注文部品（欠品）の納入予定について	おおよその予定を報告 □	確定日を報告 □	納入 □
	□	□	□

↑

部下が受けた仕事を、上司が一緒に整理して書き込んでもOK！

2

8割の人たちが理解できる言葉を使う

詳しい作成方法は3章で述べますが、行動の教科書は**「結果を出すにはどういう行動をとったらいいか」**を示すものです。会社の一連の仕事を標準化し、どんな人がやってもこなせるように考えられています。

また、2割の仕事ができない人や、6割の普通の人たちの底上げを図ることを目的としており、ハイパフォーマーに向けているのではありません。

だから、だれでも同じように理解し、だれでも同じように行動できるように、極めて平易な表現が並ぶことになります。「小学5年生がわかる言葉」を使っています。

5年生がわかる言葉とは、たとえば『少年ジャンプ』や『りぼん』といった漫画雑誌に使われているような言葉です。『ヤングジャンプ』ではありません。もっと幼い頃に親しんだ表現のほうが、私たちには深くしみこんでいるようです。

行動の教科書では、取引先での挨拶のしかたなど、極めて基本的なことも、具体的行動に落として示します。たとえば、営業マンがアポなしで午前中に訪問するときの挨拶のしかたを以下のように分解しています。

1　相手の目もしくは鼻を見る。

2　ふだん会話するときの2倍の声の大きさで「おはようございます！　お世話になっております、〇〇社の●●です」と言う。

3　「今、お時間大丈夫ですか？」と聞く。（今はムリ、と言われたら）

4　「いつでしたら大丈夫でしょうか？」

5　「では、〇時頃またまいります。失礼します」

台本のようにセリフまで決めてあるので、アドバイスしている企業から「ウチの社員をばかにしているのか」「ウチにはそんなことができない社員などいない」と反発されてしまうことがあります。

しかし、当然のことながら、こちらはそれが必要だから提案しているのです。

企業の経営陣はもちろんのこと、管理職にはもともとハイパフォーマーだった人が多いため、8割の普通の人・できない人たちが本当に求めていることをわかっていません。

ハイパフォーマーには簡単にできることができないから、8割の人たちは結果を出せずに苦しんでいるのです。この現実に気づかないと、いつまでたっても大事な8割の人を生かすことができません。

非常に基本的なことを教えるというのは、決してその従業員をばかにした行為ではありません。基本的なことを教えてこなかった側にこそ非があると考えてください。

勝手に自社の従業員を高めに評価し、その高め評価に合わせた研修などを受けさせておいて「理解が浅い」と嘆いているのが、多くの企業の現状です。

高額の費用を費やした研修の効果が出ないのは、従業員が悪いわけでも研修会社が悪いわけでもありません。経営陣や管理職が、見るべきものをきちんと見ていなかったということなのです。

3

「数値化」と「見える化」でだれもが同じ行動ができる

東京郊外で人気を博していたあるパン専門店では、数年前からアルバイトやパートの確保が困難になっていました。時給を高めに設定しても、朝早い時間帯に働いてくれる人が見つからないのです。

経営者1人の力では、開店時間までにつくれるパンの数には限界があります。行き詰まった経営者は、以前から交流があった障害者の支援団体に相談し、知的障害者の雇用に踏み切りました。かねてより、「手順をきちんと教えれば、まったく問題ない」と説明を受けていたからです。

3名の障害者を雇用するにあたり、経営者は徹底してパンづくりの手順を分解し、大きな紙に書き出しました。分量や時間など数値化できるものはもちろんのこと、パン生地をオーブン皿にどう並べるかなども、写真やイラストを用いて見える化し、壁に貼りました。

その結果、どういうことが起きたでしょう。経営者自身のミスやムダも減り、仕事が非常にスムーズになったというのです。

もちろん、最初こそ小さな行き違いはありました。しかし、今では3名ともパーフェクトに仕事をこなしているということです。このパン専門店のような手法をもってすれば、おそらく言葉が通じない外国人でもいい仕事をしてくれるでしょう。

アスペルガー症候群など、コミュニケーションにやや困難が伴う人であっても、具体的な行動を示してあげればお客様への対応が上手にできるようになります。

たとえば、距離感がうまくつかめない人に対しては、「同性のお客様であれば75センチくらい、異性のお客様であれば125センチくらいがベストの距離だよ」と数値で基準を示してあげるのです。さらに、75センチや125センチを実際に計測して見せてあげればなおいいでしょう。

これをせずに、「もっとお客様の近くに寄ってご案内して」などとアドバイスすると、今度は近くに行き過ぎて、お客様を驚かせてしまうということも起きます。

そのときに、「そこまで近寄れだなんてだれが言った」と怒鳴りつけたりするのは最悪です。本人は、上司から「近寄れ」と指示されたからそれに従ったまでのことなのです。

このような不毛な行き違いをなくしていくためにも、**具体的な数字を示した行動の教科書**を作成しましょう。

4 「人に仕事がついている」から「仕事に人がついている」へ

ときに「こんなことまで？」と驚かれるような具体的行動を示す「行動の教科書」ですが、いわゆるマイクロマネジメントとは違います。行動の教科書は、業績に直結する行動（行動科学マネジメントでは、これをピンポイント行動と呼びます）を示すものであり、重箱の隅をつつくようなことはしません。

以前、行動の教科書の導入を検討している企業から、「こんな具体的なことまで指導して、金太郎飴みたいに個性のない社員を量産することにならないか」と心配されたことがあります。しかし、それはまったくの杞憂です。

行動の教科書を導入した結果、何が起きるかといったら、金太郎飴が量産されるのではなく、**「仕事の標準化」が進む**のです。

これまでの日本企業にありがちだった「人に仕事がついている」状況から、「仕事に人がついている」に変わります。つまり、「〇〇さんでなくてはできない」という仕事がなくなり、多くの人がスマートに仕事を共有できるようになります。

このとき、スマートに仕事を共有している人たちの個性はさまざまで、金太郎飴である必要などありません。年齢も考え方も置かれた状況もまったく異なった人たちが、ある仕事について同じように動けるようにするのが行動の教科書です。その仕事に関すること以外は、どれだけ個性的でもいいわけです。

それによって、従業員は休みが取りやすくなり、会社は安定した業績を手にできるのです。また、部下を育成するという面においても、明確な基準が設けられるようになり、マネジャークラスの負担も激減します。

行動の教科書で「とるべき望ましい行動」として具体的に記されるのは、業績につながるピンポイント行動が主で、何もかも細かく指示するわけではありません。そのため、私たちがクライアントに提出する行動の教科書は、たいてい30ページ程度のものになります。

受け取った担当者は、「これっぽっち？」と驚きます。

しかし、「これっぽっち」だからできるのです。

「これだけやればいい」という最小限かつ最大効果の行動を示し、結果につなげてあげるのです。

5
「行動の教科書」は薄く、薄くが正解

保険商品の販売を主に行っているある企業では、毎年、マニュアルを改訂しています。年明けの1月に各部署からマネジャークラスが集まって話し合い、見直すべき箇所を検討。その結果が反映されたマニュアルを、4月に新たに全社員に配布するというシステムをとっています。

見直すたびにマニュアルとしての精度は高くなっており、「これ以上、どこも改訂しようがない」とマネジャーたちは感じています。しかし、扱う商品名などを更新するだけでは、わざわざ自分たちが労力をかける意味がないので、ついつい、いろいろなことを書き足すようになっています。つまり、少しずつ厚さを増しているのです。

彼らは「マニュアルに新たな書き込みをすれば、みんながきちんと読む」と思い込んでいるようです。しかし、本来最もマニュアルを活用してほしい**結果が出せない人たちには、「マニュアルを見る」という行動自体が習慣になっていません。**ましてや、改訂された部分など、自分に取り入れられるはずもありません。

そもそも、マニュアルが「厚くなっていく」というのは、かなりまずい状況です。私にも覚えがありますが、パソコンや家電製品などの分厚い取扱説明書は、それだけで読む気をなくします。そういう消費者心理を知ってか知らずか、今はメインの取説のほかに、たいてい1枚のぺらっとした「スタートアップ用簡易版」が加えられています。実際に、このペラ1枚で使い始めることが充分に可能です。

何かトラブルが起きたら、そのときにメインの取説の該当ページを開けばいいのであって、最初からあらゆる事態について読ませようとすること自体、無理があります。多くの企業のマニュアルは、そういう無理のあるつくりになっています。

本当は、ペラ1枚のほうをつくることが大事なのです。

6 「ペラ1枚」の表で仕事の標準化ができた

先に、クライアント企業に提出する行動の教科書は、せいぜい30ページ程度であり、その薄さ故に驚かれることがあると述べました。

しかし、本当はもっと薄くしたいくらいです。

そもそも、その30ページを全部理解しなければならないわけではありません。基本的にまず1ページ、それができたら次の1ページというように、段階を踏んでいくものがほとんどです。だから、1ページを理解するだけで効果が出てくるケースも多々あります。

あるコンビニチェーンには、分厚いリングバインダー10冊ほどの徹底したマニュアルがあります。見てみると、「これは外していいのではないか」と思えるような項目も並んでいます。おそらく業務担当者がマニュアルをつくっており、「自分たちの仕事に、ムダなものはない」という思いから、不必要なことについても丁寧に追いすぎているのです。

しかしながら、そんな作成者の思いは空振りに終わっています。ふだんから人手不足に悩む忙しい現場で、スタッフがそれに目を通すことはほとんどありません。

					ポイント合計
	13:35	14:40	15:40	16:30	20

（各 5 ポイント）

総合ポイント ➡

店内の整理と清掃チェック表

		終了時間記入欄			
1時間ごと（1回2ポイント）	弁当コーナー整理	7:20	8:30	9:25	10:30
	おにぎり、巻きずしコーナー整理	7:30	8:35		
	雑誌棚整理				
	⋮				
	⋮				
1日3回（1回5ポイント）	トイレそうじ				
	出入り口そうじ				
	飲料チェック				
	菓子類チェック				
	⋮				
	⋮				
1日1回（1回10ポイント）	バックヤードそうじ				
	宅配便棚整理				
	⋮				
	⋮				

※フロアは汚れや濡れなどがあればすぐにそうじすること

たしかに、コンビニの仕事は多岐にわたっています。とくにレジでは、商品の会計だけでなく、宅配便の手配、各種振り込み作業、ゴミシールの販売などいろいろなことをやらねばなりません。だから、マニュアルは分厚くなるのでしょう。

そこで、一つずつの作業をペラ1枚の一覧表にし、教科書としてつくれば、経験の浅いスタッフも比較的単純な作業から始めて、しだいに複雑な作業が担当できるようになるだろうと考えました。

前ページの表は、店内の整理と清掃の一覧表です。絶対に1時間ごとにチェックする場所、1日3回整える場所、1日1回清掃する場所を色分けして書き込み、最終的に点数がつけられるつくりになっています。

ただし、この点数は叱責の材料にするものではなく、**スタッフが自分ができたことを確認するためのもの**です。この点数表を用いてゲーム感覚で作業を行っているうちに、どのスタッフも店内すみずみまでピカピカにできるようになっていきました。

どんなに分厚いマニュアルよりも、実際に行動がとれる1枚のペラのほうが、人を育てることができるのです。

7

「とるべき行動」について だれでもマネできるフレームをつくる

小学校に入学してすぐに、ひらがなの50音を、鉛筆でなぞって書く学習帳が与えられたでしょう。薄く印刷された文字の上に鉛筆を走らせているうちに、自然と書き方を覚えるというものです。

これと同じように、**「とるべき行動」についてだれでもマネできるフレームをつくる**必要があります。それをせずに「ひらがなはきれいに書きなさい」と命じて終わっているようなマニュアルが多いのです。

多くの企業で、とくに顧客相手の職種では「笑顔」について指導しています。そこでよく見るのが、「口を横に開いて口角を上げましょう」などというフレーズです。しかし、これでは笑顔はつくれません。

実際にそれをやって鏡で見てもらうとわかるのですが、目が笑っていないために、かえってわざとらしい恐い顔になってしまいます。

私が笑顔についてアドバイスするときは、79ページの図にあるようにまず瞼を上げることから始めてもらいます。それができたら今度は顎を下げ……と小さな行動を習得してもらい、それらを統合すると、本当にいい笑顔がつくれるようになるのです。

また、笑顔を0パーセントから120パーセントまで20パーセント刻みの7段階に分け、一人ひとりスマホなどで撮影し、認識してもらいます。そして、初対面の挨拶では60パーセントで、お客様を見送るときには100パーセントで、などと、仕事に合わせてフレームを決めていきます。

営業部門の新入社員などにとって、この笑顔習得のためのペラ1枚と、自分の笑顔の7段階写真を保存してあるスマホが、とても大きな武器になります。

いつでもどこでもだれに対しても、求められている笑顔が向けられるということが1つの自信になり、次の課題へと進んでいけるのです。

“目も笑う”笑顔の行動分解例
（スモールステップ）

“笑顔を意識する”“口角を上げる”では習慣形成はできません

習慣形成	笑顔の部位	具体的な行動
ステップ1	上まぶた　上瞼	上にあげる
ステップ2	あご　顎	下にさげる
ステップ3	ほほ　頬	上にあげる
ステップ4	こえ　声	相づちを打つ
ステップ5		速度を変える
ステップ6		音量を変える

（笑顔の標準を0%から120%の7段階で作成
0%　20%　40%　60%　80%　100%　120%）

各パーセンテージに適した具体的な仕事の場面を設定

8

小さなゴールを目指し、段階を踏みながら進む

藤井聡太さんの活躍で将棋ブームが起きています。その影響でしょう。各地でさまざまな形式の将棋教室が開催され賑わっています。

あるボランティア団体は、これまでまったく将棋を指したことがない素人のために、基本のルールから教えています。

当初、その教室では、駒の種類から反則になる禁じ手、さまざまな戦法、勝負の決まり手など、一連の重要な知識を網羅したテキストを用意していました。しかし、集まった人たちの多くが、そのテキストを見て「難しそう」と口にし、続けて教室に顔を見せることはありませんでした。

そこで、やり方を変え、**「1回1テーマ」のペラ1枚テキスト**を配る形をとりました。

1回目は「駒の呼び名と配置」、2回目は「それぞれの駒の動かし方」というように、その回に覚えてもらいたいことだけを1枚の印刷物にし、その日に渡すようにしたのです。

すると、「わかりやすい」という意見が増えたといいます。

何も知らない初心者は、いきなり遠いゴールを見せられても戸惑ってしまいます。それよりも、「今日はここまで」という**小さなゴール**を示してもらったほうが動きやすいでしょう。

毎回、教室に行くたびに示される小さなゴールに到達しているうちに、いつの間にか将棋が指せるようになっている……。まさに理想の方法です。

将棋教室に限りません。英語などの勉強や、スポーツ、仕事においても同様です。まだ理解が浅い相手に対して、スタートからゴールまでのルートをきれいに提示してあげることが親切なのではありません。

あなたがだれかに道を聞かれたときに、その目的地までの道のりがかなり複雑であればどうしますか？

「あの角を右に曲がり、しばらくまっすぐ行って、3つ目の信号を左に曲がって、三叉路にぶつかったら真ん中を行って、すぐに右……」

こんなふうに最後まで無理に教えようとするよりも、「あの角を右に曲がり、しばらくまっすぐ行って、3つ目の信号の手前に交番がありますから、そこでまた聞いてくださいますか」と、一度切ったほうが相手のためだと思いませんか？

あなたの会社の8割の人たちは、一連の仕事をスタートからゴールまでまとめて理解できてはいません。行動の教科書を作成するときに大事なのは、仕事の流れを美しく表現することではありません。**活用する側の成長段階に合わせて、必要最低限の要素から教えていきましょう。**

9 まずは現場の「行動の教科書」をつくる

私たちが作成をお手伝いしている行動の教科書には、2つの種類があります。
1つが、現場の人間がどういう行動をとったらいいかを具体的に示すもの。
もう1つが、部下を育てている管理職向けのものです。

2種類のうち、まず必要とされるのは前者であり、本書で作成していくのもこのタイプです。というのも、最も重要なのは現場の人間の行動だからです。

現場の人間の行動が変わり、望ましい行動を繰り返してくれるようになれば、必ずいい結果が出ます。

これまで売り上げを立てられなかった人たちの底上げが図れることで、会社の業績そのものがアップします。また、本人たちにも、「この方法を用いていれば、さらにいい結果が出せる」という自信も生まれます。こういう状況になってはじめて、管理職向けの教科書づくりに取り組む余裕も出てくるでしょう。

まずは、現場レベルの教科書をつくり、管理職が一緒になってそれを使いこなしていくことで業績アップを図りましょう。

これまで、企業のマニュアルが機能しなかったのは、現場の人たちに「これ、自分で読んでおいて」という与え方をしていたからです。それでは、学校の授業で先生が生徒に対し「教科書を勝手に読んで」と言っているのと同じです。

しかも、それはわかりにくいスローガン言葉が並んでいて、面白くもなんともないものなのです。だれが読むと思いますか？

学校の教科書は、その学年の生徒が読めるわかりやすい言葉で書かれています。かつ、先生も一緒になって読み、どの生徒がどこまで理解しているか気を配りながら授業を進めます。

仕事においても、そういう教科書が必要なのです。

COLUMN

かつては家庭や学校で教えていた基本を、「行動の教科書」で教える

目上の人に対しては敬語を使うとか、身につけるものは清潔に保つとか、約束の時間を守るといった基本は、社会人であればできていて当然です。

では、その当然のことはどこで学ぶのでしょう。

今の上司世代までは、学校や家庭がその役割を担っていました。しかし、現在はそのどちらも機能不全に陥っています。

学校では教師は尊敬されず、厳しく子どもたちに接しようものなら、モンスターペアレンツや最近では「モンスターおじいちゃん」から攻撃を受けてしまいます。

また、家庭でも、自分の子どもに対し友人のように接する親が増えています。

こういう環境で大人になった若者は、社会的マナーなどについて無知で、また無知であることを悪いと思っていません。だから、社会人になって上司から叱られると大変にショックを受けてしまうのです。

教えてもらっていないことは、できなくて当然。まずは、そこに思いを至らせ、「基本のキ」から教えてあげましょう。

3

わが社オリジナルの「行動の教科書」をつくる

——菓子製造販売業K社のケース

「行動の教科書」づくり7つのステップ

本章では、行動の教科書の作成法について具体的に説明していきます。

行動の教科書を完成させるためには、基本的に以下の7つのステップを踏みます。ただし、2章で紹介したようなペラ1枚のものなど、より簡略化することも充分に可能です。

あくまで、理想型もすべてお伝えしようという試みですので、ここに記されていることのすべてが必要だと難しく考えないでください。

ステップ1　できる社員の行動を観察しインタビューする
ステップ2　できる人の「5つの思考プロセス」をフレームワーク化
ステップ3　できる人のピンポイント行動を抽出する
ステップ4　できる人の行動と思考を組み合わせ、言語化する
ステップ5　できる人の行動と思考を脚本化する
ステップ6　結果に直結しない行動をとる原因を特定、環境を変容させる
ステップ7　望ましい行動をゲームをするように繰り返し、定着・習慣化

行動の教科書は、ただ「つくる」ことがゴールではありません。それを用いながら、**従業員の望ましい行動を習慣化し、実際に結果を出させる**ことまでを含んでいます。本章で取り扱うステップ6とステップ7は、行動の教科書の「使い方」に近い分野と言えます。

これまで述べてきたように、行動の教科書はかっちりとつくりあげられた企業のマニュアルとは違います。つくったことで満足するのではなく、使ってみて修正すべき点が見えてきたら、すぐに対応しましょう。

最初のうちは、何度か修正が必要になるかもしれません。しかし、そうした修正作業を通して、あなたの仕事がより明確に分解され、ピンポイント行動がより正確に抽出できるようになります。

それによって、非常に精度の高い行動の教科書へと磨き上げられていきますので、自信を持って進めてください。

菓子製造販売業　K社で「行動の教科書」をつくる

行動の教科書を作成する作業の流れを、具体的に理解していただくために、各ステップを通して1つの事例を紹介していきます。

ただし、守秘義務がありますから、私がクライアント企業に提出した現物を取り上げるわけにはいきません。それに、クライアント企業に提出する行動の教科書は、その企業ならではの特性に沿ったものになっており、本章での説明を補足する材料としては煩雑です。

そこで、数社の要素を組み合わせシャッフルし、かつ、枝葉の部分を切り落とし、ごくシンプルな事例として再構成してあります。実際には、もっといろいろな肉付けが行われていることをお断りしておきます。

事例として「シンプルすぎる」と感じるかもしれませんが、そのくらいでいいのです。まず、シンプルに流れを理解して自分のものとし、そこにあなたの会社ならではの要素を加えていってください。

わかりやすいシンプルな例を、と考え、菓子製造販売業を選びました。

あなたの会社とは、業種・業態がまったく違うかもしれません。しかし、作成の流れは同じです。そこを踏まえた上で、参考にしてください。

【菓子製造販売業 K社】
営業形態 BtoCの多店舗展開
創立 平成3年
本社 中部地方M市
従業員数 約250名(パート・アルバイト含む)

K社は、東京都内や大阪府内をはじめ、主要ターミナル駅、空港などに店舗を持つ菓子の製造販売会社です。

中部地方にある本社には創業者である社長と役員、管理部門の社員が勤務しており、本社近くの工場では30名ほどが製造に従事しています。そして、14の店舗で働く従業員が、実際の売り上げを立てています。

店舗の従業員の構成はバラバラ。基本的に正社員が店長またはマネジャーとして入るようにはしていますが、パート・アルバイトに任せきりになってしまうこともあります。

社長はアイデアマンで、商品開発から販売方法に至るまで、自らいろいろ指示を出しています。ただ、本社と店舗が離れているために、また多店舗展開されているために、なかなか従業員との意思の疎通がうまくいきません。

結果として、明確な販売方法が伝達されず、それぞれが自分のやり方で動いています。そのため、売れる店舗とそうではない店舗の差が激しくなっています。

今回、業績を上げられずにいる店舗を底上げするために、行動の教科書が導入されることになりました。

行動の教科書づくりのステップ1
できる社員の行動を観察しインタビューする

3〜5名のハイパフォーマーの行動を観察する

「行動の教科書」は、6割の普通の人たちや、2割の仕事ができない人たちに、**業績につながる行動を繰り返しとってもらう**ことを目的に作成します。

そのため、まずは「結果が出せているハイパフォーマーは、どういう行動をとっているのか」を把握することから始めます。

あなたの会社の「できる社員（肩書き的には係長や課長クラスが主となるはずです）」たちが、どんな行動をとっているのかを、まず正確につかんでいきましょう。

具体的には、3〜5名ほどのハイパフォーマーを抽出し（選び方は後述します）、徹底的に行動を観察します。観察するだけでなく、インタビューも行います。

たとえば、営業職であるなら、ハイパフォーマーたちはどういう服装をしているのか、アポはどうとっているか、顧客訪問に向かう前に何をしているのか、帰社してからのフォローはどうしているか……などを、一日中観察して記録します。

もし、営業先について行けるなら、挨拶のしかた、声の大きさ、話す速度、資料の渡し方、クロージングの言葉なども細かに観察できるでしょう。

実際に、当社がコンサルティングに入るときは、スタッフができる社員にぴったりと張り付かせてもらいます。そして、飛び込み営業に行った先で罵声を浴びせられてもどうして大丈夫なのかといったことまで観察してきます。

観察できない部分は、インタビューで探りましょう。

3～5名のハイパフォーマーに、「行動の教科書をつくるので協力してくれ」と話し、相手が迷惑と感じない時間帯に、落ち着いた会議室などで話を聞きます。

シートを準備してインタビューする

ただし、あなたの視点で行える観察と違い、相手の返答によって内容が左右されるインタビューには注意が必要です。漫然と話を聞いてはいけません。

業績に直結する重要な行動について、ハイパフォーマーたちは自然に感覚でできてしまっています。そのため、自分の行動について言語化するのが上手ではありません。彼らの話をそのまま記録していると、「わかったようでわからない」ものしか残りません。

聞き取りシート（○○さん）

みだしなみで気をつけていることは何ですか？	
▼実際はどうか（服装・髪型・清潔さ）	
話し方ではどんなことに気をつけていますか？	
▼実際はどうか（目線・声・ボディランゲージ）	
どのようなアポとり訪問の計画を立てていますか？	
▼スケジュール表を見せてもらう	
クロージングで必ず用いるフレーズはありますか？	
お客様の無理なリクエストは、どう断っていますか？	

▼印は観察者が行うこと

また、とくに営業職などの場合、ほかの社員はライバルであることも多く、手の内を明かしたがらないケースも見受けられます。

そこで、少しでも気分よく話をしてもらう工夫や、インタビューする側の深掘りが必要になってきます。

もし、「取引先ではとにかく元気に挨拶していますよ」と言われたなら、「元気って、具体的にはどういう感じですか?」「声の大きさはどのくらい?」「お辞儀の角度は?」「実際にここでやってみてくれませんか?」と、数値化できるまで突っ込みましょう。

前ページに、営業職向けの「聞き取りシート」の一例を載せておきました。こうしたものを先に用意して観察やインタビューを行うと、より具体的な行動がピックアップできるでしょう。

あくまで、これは1つの例です。聞き取りシートの要素は、あなたの仕事に合わせたものにすることは言うまでもありません。

ハイパフォーマーの選び方

ハイパフォーマーの行動を観察するのは、8割の人たちにそれをまねし、結果につなげてもらうためです。つまり、**行動の教科書の土台は、ハイパフォーマーの行動で形成されていきます。**

このとき、だれをハイパフォーマーと認識し、観察対象にするかは非常に重要です。ここを間違えたら、おかしなものができあがってしまいます。

ハイパフォーマーたちの中でも、とくに優れたトップパフォーマーと呼ばれる人を抽出できればベストです。

ただ、気をつけなければならないことがあります。というのも、「仕事ができる部下を紹介してください」と依頼すると、自分が好きな人を「できる部下です」と連れてくる上司がとても多いのです。

38ページで説明した「MORSの法則」に従い、営業成績や売り上げの数字など明確な基準を頼りに対象者を選びましょう。

なお、営業の数字を見るときには、全体の状況を俯瞰してください。たまたま営業エリアに恵まれていたり、だれか優秀な上司についていたりしたためにその数字がとれたというようなケースで、その人を「仕事ができる」と判断しては失敗します。

K社の事例　――ステップ1

K社は、東京や大阪を中心に、合計14の店舗を展開しています。まず、それらすべての店舗のデータを見せてもらいました。

すると、飛び抜けて成績のいい店舗が2つありました。どちらも東京都内で、1つは地下鉄の改札口へと続く通路に、もう1つは商業ビルの1階にほかの菓子店舗と並んで展開されていました。この2つを、仮にA店、B店と呼ぶことにします。

しかし、よく調べてみると、A店やB店よりも立地条件のいいところがありました。ターミナル駅や空港の店舗は、さらに人通りが多く、お土産需要も高いはずなのに、この2店よりも売り上げが悪いのです。

そこで、当社のスタッフは、まずA店とB店を1週間ずつ、さらに比較対象としてターミナル駅や空港の他の店舗も数日にわたって観察しました。

A店は11時開店・21時半閉店、B店は商業ビルの営業時間に合わせ10時開店・21時閉店です。

ともに常駐スタッフは2~3名。早番・遅番のシフトで少しずつ時間がずれる上、食事休憩やお手洗いなどで1人が抜けて、1~2名体制になることがたびたびあります。しかし、こうした条件は、ほかの店舗と大きく変わるものではありません。

人の流れについても、他店舗と比較しながら見てみました。

「お客様候補」と思える人たちは、A店では会社帰りのビジネスパーソンが夕方に多く集まり、B店ではビジネスパーソン、主婦層、高齢者、家族連れも多く見受けられました。しかし、こうしたお客様候補は、ターミナル駅や空港にはもっと多くいました。

A店とB店でそれぞれ1週間にわたり従業員の行動を見てきたスタッフは、その一挙手一投足をびっしりとメモに書き込みました。その一部が、次ページにあるメモです。

それを眺め、スタッフはいくつかの注目すべきポイントに気づきました。

たとえば、A店では従業員が商品を紹介するプラカードを掲げて地下通路を歩いたり、B店では商品ケースを布で磨いたりする行動が多く見られたのです。

従業員の行動を観察したメモの一部

A店

・10:45 準備OK
・スタッフ2名、お互いに笑顔でやりとり
・午前中はあまりお客様は通らず
↑
スタッフだらけていない

・お昼すぎより スタッフ店外通路へ
・通路でお客様に声かけ
・プラカードも！（商品名、価格）

・再びプラカード、通路を往復 計3回

・夕方からビジネスマン増える ← プラカード、声かけ
・ビジネスマンの流れにのりながら声かけ

・相手の年令によって声かけをかえている様子
※ここからでは聞きとれないところ
後でインタビューすること

・お客様が列をつくり出す
（スタッフ戻る）
・スタッフ同士の連携ができている
・閉店時間ぎりぎりまで対応している
・閉店時、お客様以外にも「ありがとうございました」
（通行人）

B店

・9:50 段階でスタッフ2名前方を向いてスタンバイ
・ビル開店と同時にお客様入る
　→「いらっしゃいませ」
　（他店に向かうお客様へも）
・10:10 最初のお客様
・10:25～スタッフのうちの一人が ~~レジ~~ カウンター外へ
　~~レジ外~~ 商品ケース拭く（? なぜ?）
　↓お客様続くが、
　レジ1名で対応（間に合っていた）
・10:50～11:40 スタッフ交換で抜ける（食事?）
・2名体制に戻ってしばらく対応
・13:20～スタッフ1名、商品の並べ換えなど
　↓
　? 必要か?
　↑
お客様から声かけあり、対応
　↓たびたびこのパターン
・17:15 お客様増える。スタッフ2名ともカウンター内へ
・並んで待っているお客様に視線送っている
　↓
　安心感与える?

行動の教科書づくりのステップ2
できる人の「5つの思考プロセス」をフレームワーク化

いい行動の前後には思考がある

仕事ができる人とそうではない人の違いについて、「応用力」「臨機応変の判断力」などの差がたびたび指摘されます。

こうした能力は、これまで「持って生まれた1つの才能」のように思われてきました。

たしかに、2割のハイパフォーマーは、その場の空気や相手の状況を素早く読んで対応できるのに対し、8割の人は「気が利かない」と言われるような行動をとって失敗します。

「マニュアルに書いてあるとおりにやったのに、お客様から叱られてしまった」などということは、状況が読めないこうした鈍感さゆえに起こります。

では、「もともと違うのだから」と諦めるしかないのでしょうか。

実は、できる人にはその人なりの思考プロセスがあって、1秒から数秒の間にそれを行って選択・判断しています。これら思考のプロセスを分解し体系化することで、8割の人たちにも共有してもらうことが可能なのです。

ところが、こうした部分について、ほぼ100パーセントの企業が体系化・形式知化できていません。そのため8割の人たちは、臨機応変に考えたり、応用したりすることができずにいます。

行動の教科書をつくるにあたっての2番目のステップは、ここに切り込むことです。**行動の裏にある、目に見えない思考プロセスについて知る**には、インタビューが基本になります。

しかし、「お客様のニーズを臨機応変にキャッチするのに、いったいどのように思考しているの?」などと聞いても、なかなか言語化は難しいことですし、まとまりのないものになってしまいます。

そこで、私たちは、できる人の思考プロセスを5つのフレームワークに落として体系化を試みています。

できる人の思考プロセス5つのフレームワーク

思考プロセスの5つのフレームワークは、以下の要素で構成されます。

1　最終ゴールとそこに至る複数の小さなゴールの想定
2　小さなゴールに至る日々の行動を聞き取る
3　行動の意図を読み解く
4　意図を実現するために無意識に行っていることと考えていることを想定
5　再現性の検証（できる人個人の背景に依存しているものは除外する）

目に見える行動の前後に、ハイパフォーマーは無意識のうちに1秒から数秒で考えています。瞬時のことなので、あたかも思考プロセスなど踏まずに動いているように感じられますが、そうではありません。

ハイパフォーマーたちの、この思考プロセスを自分のものにできたら、8割の人たちは間違いなく結果を出していきます。そのために、**ハイパフォーマーがある望ましい行動をとっているとき、その前後にどういう思考がなされたか、**5つのフレームワークを使って調べるのです。

次ページにあるようなフレームワークシートを用意し、ハイパフォーマーにインタビューしましょう。

自分の思考について人はあまり意識できていないので、最初のうちは混乱するかもしれ

フレームワークシート

5つのフレームワーク	●●さんへの聞き取りと観察
1 最終ゴールとそこに至る複数の小さなゴールの想定	
2 小さなゴールに至る日々の行動を聞き取る	
3 行動の意図を読み解く	
4 意図を実現するために無意識に行っていることと考えていること（習慣化されていること）を想定	
5 再現性の検証（インタビュー相手の経験の量・知識の量・性別に依存するものは除外する）	

ません。同じ質問を、表現を変えて何度か繰り返したり、日を改めてインタビューしたりと、根気よく掘り下げていきましょう。

K社の事例 ――ステップ2

A店とB店の従業員のうち、それぞれ際だった行動をとっていた2名ずつを選び、インタビューを行いました。

思考のフレームワークは、先にも述べた5つのパターンに集約されますが、その要素を引き出すためには、ハイパフォーマーがふだんから行っている仕事内容に沿って聞いていくのが一番です。そうでないと、漠然とした答えしか得られないからです。

K社の従業員に対しては、以下のような質問を投げていきました。

「今月の目標とか、今日の目標とか、ご自分ではどのように目標を立てていますか？」
「大きな目標だけでなく、たとえば、午前中の目標とか、1時間ごとの目標とか、意識していますか？」
「そのスモールゴールを達成するために、どんなことをしますか？」

「お天気とか曜日によって、状況も変わるのでしょうね。思うようにいかないこともありますよね。そういうとき、どういう判断や工夫をするのですか？」

「お客様もいろいろな人がいますよね。何かパターンみたいなものがありますか？」

「このお客様は買ってくださるというのが、わかるものなんですか？」

「どうして、そう判断されるんですか？」

「こう思ったけれど、やっぱり違ったというようなこともありますか？」

「そのときは、どんなふうに自分の行動を修正しているんでしょう？」

「そのときの○○さんを支えている、考え方みたいなものはありますか？　信念と言ったらおおげさかもしれませんが」

「そのときどきの自分の行動、その日の行動、あるいは1週間の行動など、無意識のうちにも反省したり見直したりしているのですか？」

「そうした見直しは、次の販売場面でどんなふうに生かされていますか？」


こうしたインタビューによって、4名の従業員の思考を5つのフレームワークに落として書き込みました。次ページに掲載したのは、そのうちの2名のものです。

2人のハイパフォーマーについて書き込んだフレームワークシート

	Aさん（30代女性）への聞き取りと観察	Bさん（20代女性）への聞き取りと観察
1 ゴール	スモールゴール――午前中の売り上げ目標：〇件、〇〇円 最終ゴール――1日の売り上げ目標：〇件、〇〇円	最終ゴール――お客様を笑顔にすること。 スモールゴール――ちょっとしたひと言で気持ちのいいやりとり。
2 日々の行動	通りかかるお客様に対して元気よくお声がけする。	自分自身が幸せな気分で仕事をすること。
3 行動の意図	自分のほうに振り向いてくれる →商品に興味を持ってくれる。	お客様も幸せな気分になる →喜んでいただける。
4 無意識の行動・思考	声をかける前に自分からお客様のところに近づいているはず。 男性のお客様には75センチぐらいの距離に近づいていた。	詰め合わせは量が多すぎるというお客様に、「そうですよねー」と肯定的に応え、「△△は日持ちがしますので、詰め合わせにいかがですか？」とニーズに合った提案をする。
5 再現性	男性のお客様に75センチぐらいの距離に近づくのは、女性という性別に依存していて再現性なしと判断。	会話の中の若い女性に特有の言葉づかいを削除。

行動の教科書づくりのステップ3
できる人のピンポイント行動を抽出する

業績に直結する行動は何か

続いて、ステップ1で探り出した「ハイパフォーマーがとっている行動」の中から、業績に直結する行動を抽出していきます。

ハイパフォーマーといえど、無駄な行動をまったくとっていないわけではありません。3人のハイパフォーマーが同じように営業に出かけても、XさんとYさんとZさんではいろいろ違うこともするはずです。

実際に、当社のスタッフが張り付いた営業のハイパフォーマーたちの中にも、いろいろ個性がありました。「今、お宅の前まで来ています」と電話をしてから呼び鈴を鳴らす人や、営業するときは赤いネクタイしか締めないという人、顧客のペットの名前を必ず聞くという人など、その人固有の行動パターンが見て取れました。

ただ、お客様の目を見て話をするといった好ましい態度、関心を引きつける説明、クロージングに持っていける一言など、明らかに共通している部分がありました。

こうしたことを、ハイパフォーマーはみんなやっているけれど、8割の人たちには抜けがちなのです。

このように、ハイパフォーマーは必ずやっているのに、そうではない人たちに抜けている行動こそ、業績に直結している可能性があります。

前にも述べましたが、**業績に直結する行動を、行動科学マネジメントでは「ピンポイント行動」と呼びます。**人はもともと、新しい行動を起こしたり、それを継続したりということが苦手ですから、8割の人たちに対して、ハイパフォーマーの何から何までまねさせようとしても無理。**ピンポイント行動を厳選して伝えていく**のが効率的です。

あなたの仕事のピンポイント行動は？

では、あなたの仕事におけるピンポイント行動は何でしょう。

ピンポイント行動は、業種や職種、取引先などによって変わってくるため、一概に私が指摘できるものではありません。たとえ、同じ保険商品を売る営業の仕事でも、会社が違えばピンポイント行動も変わってきます。

ところが、多くのビジネスの現場に「ピンポイント行動はコレ、と決めてほしい」という安易な思いがあり、自社にそぐわないハウツーを取り入れ失敗しています。

忘れないでほしいのは、他社のハウツーがあなたの会社にぴったりマッチするはずなどないということです。

あなたの仕事で業績を伸ばしていく一番のヒントは、あなたの会社の中にあります。売り上げが伸びないときに、「どうやったら売れるの？」に的確に答えてくれるのは、ハウツー本でも他社の成功法則でもありません。あなたの会社の中で売り上げを伸ばしている人たちの行動です。

それを知るには、ハイパフォーマーたちを観察するのが一番。聞き取りシートを用いてハイパフォーマーを観察し、インタビューし、彼らが必ずとっているのに8割の人ができていない行動を抽出してください。

なお、ピンポイント行動は、「言葉」であることもしばしばです。営業で実際の契約に持っていける人というのは、お客様との会話における言葉選びが上手なのです。

あるいは、イレギュラーな事態への対応もピンポイント行動になることがあります。たとえば、お客様が誤解していたり、怒っていたりするときに、その事態を上手におさめることで、かえって信頼を得られるということもあるからです。

K社の事例　――ステップ3

A店とB店の観察を終えたあと、ターミナル駅や空港の店舗、A店やB店と条件が近いのに業績が振るわない店舗についても観察しました。

その結果、どこも、以下の4点では申し分ありませんでした。おそらく、ワンマン社長から厳しく言われているという理由もあると思います。

- 開店15分前には従業員が制服に着替え、商品を並べ終えた。
- 従業員同士の会話は、仕事に関するもの以外の私的な会話はなかった。
- お客様に対して、「いらっしゃいませ」「ありがとうございました」がきちんと言えていた。
- 商品やおつりの渡し方は丁寧に行われていた。

ただ、A店やB店と明らかに違っていたのは、どこの店舗でも、従業員が売り場から出ようとせず、まっすぐ前を向いておとなしくお客様を待っていた点です。

彼らは、お客様が商品ケースをのぞいたり、試食品に手を伸ばすと「いらっしゃいませ」「いかがですか」と声をかけていました。ところが、その声かけと同時に離れてしまうお客様が多く見られました。

それら観察結果をもとに、K社の店舗におけるピンポイント行動を抽出していきました。

業績のいいA店やB店の従業員には見られるのに、ほかの店の従業員がとっていない行動は何か……。

A店では、とくに人通りが増える夕方の時間帯近くになると、従業員が交代で地下通路の真ん中に出て、プラカードを掲げながら声を出していました。

「ご好評いただいております○○、残り20個となりました」
「ただいま、限定販売の○○をご試食いただいております」
「今月限りの季節商品となります」
「ご自宅へのお土産にいかがですか」

よく通るけれど、うるさくないレベルの声で、仕事を終えたビジネスパーソンの注意を喚起し、しかも「限定感」をアピールしています。

一方、B店の場合、1人は売り場の中にきちんと立ち、ほかの従業員は、商品ケースを磨いたり、新たに搬入された商品を並べたりといった作業をしていました。

近くに来たお客様には「いらっしゃいませ」と挨拶するものの、お客様が商品を見ていたり、試食をしたりしているときには販促の声をかけません。その代わり、作業をしながらさりげなくお客様の側にいるようにしていました。

すると、かえって、お客様のほうから声をかけてくれる回数が増えるようでした。

「この商品はどのくらい日持ちするの？」

「自由に詰め合わせができるのかしら？」

このとき、お客様のほうを向いて立ち、目を見て「はい、○○でございます」と質問に答えると、たいてい購買につながっていきました。

これらのことから、少なくとも基本的なマナーはしっかりできているK社の店舗従業員にとって、以下がピンポイント行動の候補となると考えられました。

- お客様の邪魔にならない程度に、従業員がときどき売り場から出る。
- プラカードなどで注意を引く。
- 「限定品」をアピールする。
- 帰宅途中のお客様には「お土産」の言葉を投げかける。
- お客様が考えているときにはおすすめしない。
- 試食しているお客様に販促しない。
- お客様から声をかけやすい状況をつくる。

行動の教科書づくりのステップ4
できる人の行動と思考を組み合わせ、言語化する

ピンポイント行動を書き出し組み直す

ステップ3までで、ハイパフォーマーがどんなピンポイント行動をとり、その前後にどんな思考プロセスを踏んでいるかがわかってきました。

それらの行動や思考を、8割の人たちにだれでも再現できる形で伝えていかねばなりません。そのために、まずは**徹底した言語化**を図っていきます。「ちゃんと伝えたはずなのに」問題が発生する原因の大半は、言語化が徹底できていないことによる解釈のずれにあるからです。

このステップでは、ハイパフォーマーから抽出したピンポイント行動や、その行動を決定づけた前後の思考を大きめの付箋などに書き出し、最適な形に組み合わせ、並べかえていきます。その例を、118〜119ページに示しました。あるコールセンターにおけるピンポイント行動の書き出しと並べかえのプロセスです。

一般的に、思考については、ピンポイント行動として書き出されるものはあまりなく、思考は「なぜそのピンポイント行動をとるのか」の説明に回ることが多くなります。

しかし、コールセンターの仕事などは、思考が一連のピンポイント行動と同様に扱われることもあるのです。

ある流通系企業のコールセンターでは、お客様からの電話はほとんどがクレームです。

「○○店の従業員の失礼な態度が許せない」
「注文したのと違うものが届いた」
「そもそも、コールセンターの電話がつながりにくい」

お客様はさまざまなことに怒っており、ひとたび対応を間違えると大問題に発展します。

このような仕事では、お客様との会話に重要なピンポイント行動が隠されています。そこで、クレーム対応が上手な従業員数名の会話を録音し、どんなことを話しているのか具体的にピックアップして組み直していく作業をします。

このときのピンポイント行動には、「申し訳ありません」と謝る声の大きさ、「○○というご迷惑をおかけしたのですね」という具体的セリフ、「はい」というあいづちを入れる

コールセンターの
ハイパフォーマーの行動を分解・整理

付箋に書き出す

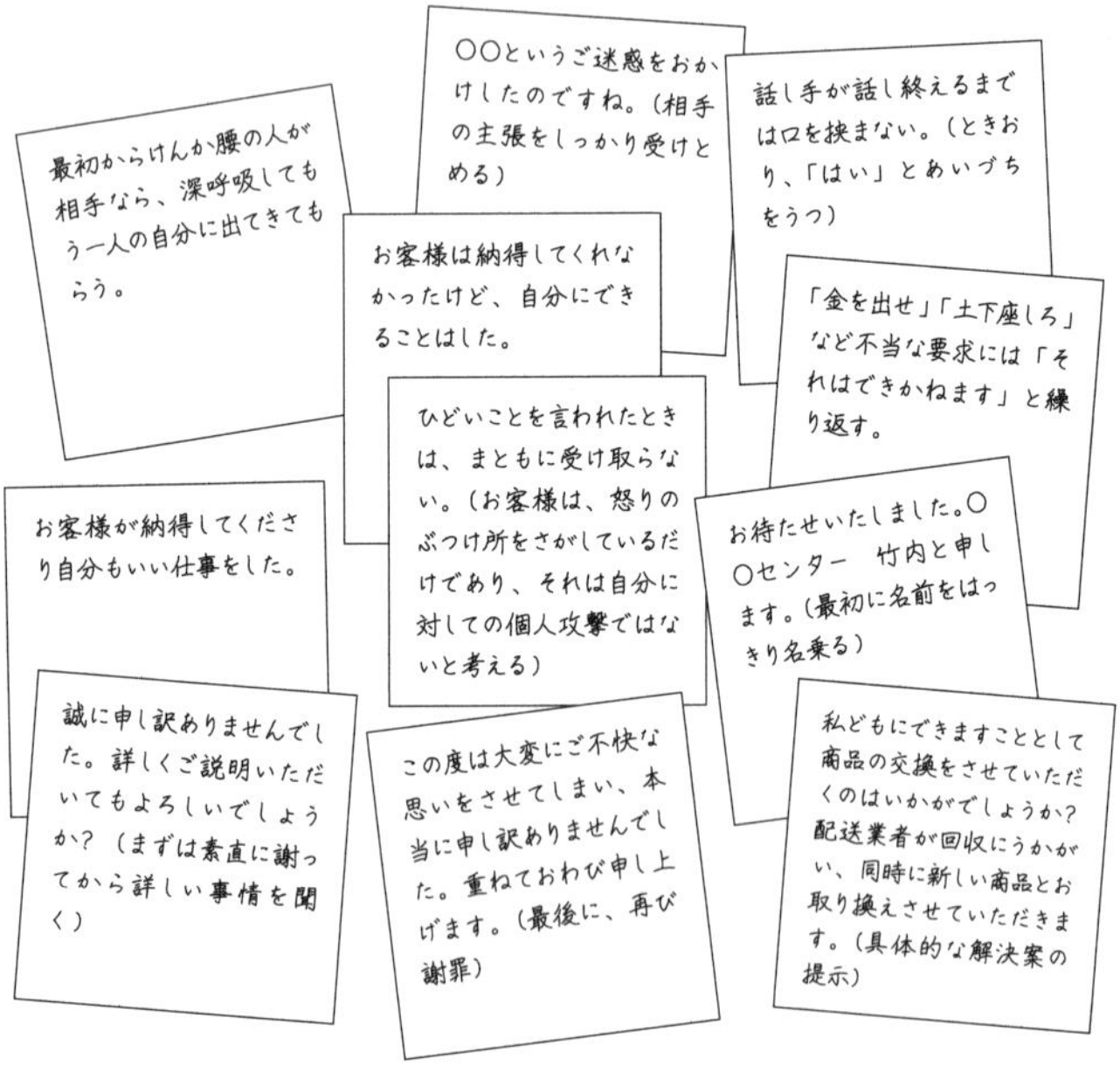

← 並べかえ

時間の流れに沿った受け答えの言葉

① お待たせいたしました。○○センター　竹内と申します。（最初に名前をはっきり名乗る）

② 誠に申し訳ありませんでした。詳しくご説明いただいてもよろしいでしょうか？（まずは素直に謝ってから詳しい事情を聞く）

③ 話し手が話し終えるまでは口を挟まない。（ときおり、「はい」とあいづちをうつ）

④ ○○というご迷惑をおかけしたのですね。（相手の主張をしっかり受けとめる）

⑤ 私どもにできますこととして商品の交換をさせていただくのはいかがでしょうか？配送業者が回収にうかがい、同時に新しい商品とお取り換えさせていただきます。（具体的な解決案の提示）

⑥ この度は大変にご不快な思いをさせてしまい、本当に申し訳ありませんでした。重ねておわび申し上げます。（最後に、再び謝罪）

うまくいかないときのヒント

最初からけんか腰の人が相手なら、深呼吸してもう一人の自分に出てきてもらう。

「金を出せ」「土下座しろ」など不当な要求には「それはできかねます」と繰り返す。

ひどいことを言われたときは、まともに受け取らない。（お客様は、怒りのぶつけ所をさがしているだけであり、それは自分に対しての個人攻撃ではないと考える）

お客様は納得してくれなかったけど、自分にできることはした。

お客様が納得してくださり自分もいい仕事をした。

タイミングなども含まれます。さらに、その会話ができる裏には、「厳しい言葉を投げつけられた状態から、どう心を立て直していくか」という思考プロセスがあり、これも1つの重要なピンポイント行動となるのです。

この思考プロセスを自分のものにできていないと、いくら「言うべきこと」はわかっていても、途中で精神的に参ってしまい、最適な会話の流れがつくれないからです。

ほかにも、行動や言葉以外に、身ぶりや距離感など、ハイパフォーマーの思考プロセスによって自然と生まれる要素についても、見逃さずにピックアップします。

このように、あなたの仕事の種類によって、ピンポイント行動の抽出基準が決まってきます。それを付箋に書き出し、最適な形に組み合わせていきましょう。

スローガン言葉を「行動の言葉」に変える

ピンポイント行動を書き出していくにあたって、気をつけていただきたいのが、1章で述べた「スローガン言葉」にならないよう、**「行動の言葉」**で書くことです。

たとえば職場のみならず、家庭や学校も含め、日本中でよく使われているフレーズの1つに「相手の立場になって」があります。

おそらく、あなたも会社で口にしたことがあるでしょう。

では、「相手の立場になって考える」とはどういうことなのでしょう。あなたは、それを具体的行動に落として「行動の言葉」で説明できますか？

このとき、そこで望まれている具体的行動は、業種や職種、置かれた状況によって違ってくるはずです。

相手とは、お客様なのか同僚なのか取引先なのか……。

営業しているのか、会議中なのか、何か問題が起きたのか……。

多様な状況が考えられるにもかかわらず、すべての場面で「相手の立場になって考えてみろ」という言葉に集約されているのです。それで従業員が、あなたがそのときに望んでいた行動をとってくれるはずがありません。

あなたが「相手の立場になって考えてみろ」と部下に言うとき、あなたはいったい、具体的にどのような行動を部下にとってもらいたいのでしょうか。

この質問に答えるのは、案外、難しいはずです。難しいのは、ふだんからそれを言語化するクセがあなたの中についていないからです。「そこまでしなくても伝わるだろう」と油断しているからです。

しかし、そもそも自分が言語化できていないことを、ほかの人に再現してもらおうというのは無理な話です。

たとえば菓子販売の現場なら、「お客様の立場になって試食販売をする」という書き方ではなく、「お客様は試食中にじっと見られると落ち着かない気持ちになり、購入につながりにくい。試食中はお客様の口元から5～10センチぐらい目をそらす」などと、**だれもが同じことができる「行動の言葉」**で書きましょう。

言語化は小学5年生レベルで

せっかくピンポイント行動が正しく抽出できても、それを8割の人たちに伝えることができなければ意味がありません。**「行動の言葉」で説明する際はくれぐれも難しい表現は避けて**ください。

当社のスタッフが、多くの企業の従業員に実際にリサーチをかけた結果、「漢字はあまり使わず、小学5年生に通じるくらいのレベルにしておくと理解されやすい」ということがわかりました。前述したように『少年ジャンプ』や『りぼん』に出てくるような表現が親しみやすいようです。マンガでいえば「キン肉マン」や「ドラゴンボール」です。

参考までに、小学5年生までに習う漢字を次ページに示しておきます。少なくとも、こ

1年生

一七三上下中九二五人休先入八六円出力十千口右名四土夕大天女子字学
小山川左年手文日早月木本村林校森正気水火犬玉王生田男町白百目石空
立竹糸耳花草虫見貝赤足車金雨青音

2年生

万丸交京今会体何作元兄光公内冬刀分切前北午半南原友古台合同回図国
園地場声売夏外多夜太妹姉室家寺少岩工市帰広店弓引弟弱強当形後心思
戸才教数新方明星春昼時晴曜書朝来東楽歌止歩母毎毛池汽活海点父牛理
用画番直矢知社秋科答算米紙細組絵線羽考聞肉自船色茶行西親角言計記
話語読谷買走近通週道遠里野長門間雪雲電頭顔風食首馬高魚鳥鳴麦黄黒

3年生

丁世両主乗予事仕他代住使係倍全具写列助勉動勝化区医去反取受号向君
味命和品員商問坂央始委守安定実客宮宿寒対局屋岸島州帳平幸度庫庭式
役待急息悪悲想意感所打投拾持指放整旅族昔昭暑暗曲有服期板柱根植業
様横橋次歯死氷決油波注泳洋流消深温港湖湯漢炭物球由申界畑病発登皮
皿相県真着短研礼神祭福秒究章童笛第筆等箱級終緑練羊美習者育苦荷落
葉薬血表詩調談豆負起路身転軽農返追送速進遊運部都配酒重鉄銀開院陽
階集面題飲館駅鼻

4年生

不争付令以仲伝位低例便信倉候借停健側働億兆児共兵典冷初別利刷副功
加努労勇包卒協単博印参史司各告周唱喜器囲固型堂塩士変夫失好季孫完
官害察巣差希席帯底府康建径徒得必念愛成戦折挙改救敗散料旗昨景最望
未末札材束松果栄案梅械極標機欠歴残殺毒氏民求治法泣浅浴清満漁灯無
然焼照熱牧特産的省祝票種積競笑管節粉紀約結給続置老胃脈腸臣航良芸
芽英菜街衣要覚観訓試説課議象貨貯費賞軍輪辞辺連達選郡量録鏡関陸隊
静順願類飛飯養験

5年生

久仏仮件任似余価保修俵個備像再刊判制券則効務勢厚句可営因団圧在均
基報境墓増夢妻婦容寄富導居属布師常幹序弁張往復徳志応快性恩情態慣
承技招授採接提損支政故敵断旧易暴条枝査格桜検構武比永河液混減測準
演潔災燃版犯状独率現留略益眼破確示祖禁移程税築精素経統絶綿総編績
織罪群義耕職肥能興舌舎術衛製複規解設許証評講謝識護豊財貧責貸貿賀
資賛質輸述迷退逆造過適酸鉱銅銭防限険際雑非預領額飼

こにない漢字は使ってはならないということです。5年生までに習う漢字だとしても、抽象的な熟語は避けます。たとえば、「概観する」「調査する」といった熟語は使わず、それぞれ「ガチンコで10秒見る」「本気《マジ》でググる」といった若い人に通じる表現にします。

文字数にも注意が必要です。SNSやインターネットの記事を読み慣れている今の若者は、長いフレーズを好みません。ズバリ、**1行は12〜15字くらいに留める**ようにします。

小学5年生レベルで、1行は12〜15字。このことだけを取り上げると、あなたの仕事のレベルそのものを低く見ているように思われるかもしれません。しかし、断じてそうではありません。そこは、ぜひとも冷静に考えてほしいところです。

会社の理念や仕事に対する思い自体は、もちろん高邁なものでいいのです。ただ、その高邁なものを実現していく過程では、現場で働く人たちの行動が必要です。その行動を引き出すためには、「理解できる言語化」が必須であり、レベルの高い表現など、ひとつも価値を持ちません。だれにでも理解できるやさしい表現であることが大切です。

K社の事例 ——ステップ4

前のステップで、業績につながるピンポイント行動の候補に、以下を抽出しました。

・お客様の邪魔にならない程度に、従業員がときどき売り場から出る。
・プラカードなどで注意を引く。
・「限定品」をアピールする。
・帰宅途中のお客様には「お土産」の言葉を投げかける。
・お客様が考えているときにはおすすめしない。
・試食しているお客様に販促しない。
・お客様から声をかけやすい状況をつくる。

しかし、これだけではまだ漠然としています。

たとえば、「注意を引く」とはどうすればいいのかとか、声をかけやすい状況とはどういうことかなど、もっと具体的な行動に落としていかねばなりません。

そこで、まだ言語化できていない部分について明らかにするために、ピンポイント行動について、ハイパフォーマーである従業員にインタビューを重ねました。

すると、A店の従業員は、地下通路に出るときに、仕事帰りの疲れている人たちにぶつかって迷惑をかけないように、また、大きな声を出しすぎてうるさがられないように気をつけていることがわかりました。

それでも、通路に出てプラカードを掲げるのは、会社帰りのビジネスパーソンはもともと、「お菓子を買おう」と考えて歩いていないので、そのままでは通り過ぎてしまうからでした。

さらに、「ご家族へのお土産にいかがですか」という言葉は、お客様候補の年代によって、「お孫さんにいかがですか」「ご自分へのご褒美にいかがですか」など、臨機応変に変えていることもわかりました。

一方、B店の従業員は、お客様が試食をしているときは視線を外すということもしていました。なぜかと聞くと、「じっと見られてプッシュされると、自分だって逃げたくなるから」「試食しているところを見られるのは、だれだって恥ずかしいから」という答えが返ってきました。

その発想の延長線上に、「ずっと売り場に立っていないで、何か作業をしながらお客様のそばにいる」という手法が生まれたようです。

また、お客様から「この商品はどのくらい日持ちするの？」「自由に詰め合わせができるのかしら？」などと声をかけられれば、そこでニーズが把握できます。

すなわち、「このお客様は日持ちがするものを探しているんだ」「このお客様はオリジナルな詰め合わせを望んでいるんだ」ということがわかるので、ニーズに沿った提案がしやすいわけです。

これらのインタビュー結果も踏まえ、付箋に小学5年生でもわかるように、かつ、なるべく1行12～15字くらいになるように（もちろん、守れないものもあります）、書き出してみました。

・従業員がときどき売り場から出る。
・お客様の邪魔をして不快感を与えない。（思考要素）
・プラカードなどで注意を引きつける。
・声に出して「限定品」をアピールする。
・帰宅するお客様に「お土産」の言葉を投げる。
・だれへの「お土産」かを変える。（思考要素）
・お客様が考えているときに売ろうとしない。
・試食しているお客様を見ないようにする。
・お客様の近くでケースを磨いたりする。
・お客様の質問でニーズをつかむ。（思考要素）

行動の教科書づくりのステップ5
できる人の行動と思考を脚本化する

書いてあるとおりに動けばいいようにする

抽出されたピンポイント行動を、小学5年生が理解できる言葉で、1行12〜15字にして付箋に書き込んだら、それを並べ替えて「脚本」にしていきます。その脚本どおりに行動すれば結果が出るようにまとめていくのです。

ただし、ピンポイント行動だけでは、現実の仕事の流れに沿った脚本はできません。そのときには、普通にやるべき行動も書き添えていきます。これも、小学5年生にわかる言葉で、かつ1行12〜15字を意識します。

たとえば、個人相手の保険商品のセールスなら、以下のような流れが考えられます。

- **その日にたずねるお客様の状況を確認する。（ピンポイント行動）**
- **持って行く資料を揃える。**
- **「お約束どおり○○時にうかがいます」と電話する。**

・出かける前に歯を磨く。
・服や靴の汚れがないかチェックする。
・15分早く着くように出かける。
・約束ちょうどの時間に呼び鈴をならす。
・目を見てお客様の話を聞く。
・ニーズに合った商品を提案する。（ピンポイント行動）
・クロージングできそうなら決め言葉を話す。（ピンポイント行動）
・無理そうなら次の約束をとりつける。（ピンポイント行動）
・帰社したら、お礼の電話かメールをする。

さらに、脚本で言うところの「ト書き」にあたる補足を加えていきます。

たとえば、「その日にたずねるお客様の状況を確認する」という行動の欄外に、確認する内容（年齢、職業、家族構成、お困りの状況、持ち家か借家かなど）を、「持って行く資料を揃える」の欄外には、どのような資料が必要かを補足します。

「ニーズに合った商品を提案する」「クロージングできそうなら決め言葉を話す」「無理そうなら次の約束をとりつける」といったピンポイント行動については、ハイパフォーマーから具体的に用いるセリフを聞き出し、明示します。

仕事の種類によっては、ここまでわかりやすい脚本にできないかもしれません。それでも、ハイパフォーマーの1日を再現すれば、だいたいのところはつかめるでしょう。

分岐はつくらない

多くの企業のマニュアルには「分岐」があって、そのときどきにどうすべきかが示されています。


「このとき、お客様が○○という反応を示されたら……」

「このとき、お客様が××という反応を示されたら……」

「このとき、お客様が△△という反応を示されたら……」


いくつかの選択肢によって読み進むべき方向が違い、ツリーのように分かれていくのです。

これをつくった人は、「どんな状況にも対応できる親切なものを」と考えているのでしょう。しかし、多くの人は、分岐があるとそこで読まなくなります。複雑なものは見ただけで嫌になるのです。

そもそも、「選択」ができたらハイパフォーマーになっています。お客様の反応が読み切れていない8割の人に、面倒な選択をさせるのは逆効果です。

行動の教科書は、その脚本を「分岐」のあるものにはしません。

なぜなら、うまくいくのは1つのパターンだからです。いろいろなパターンを用意しても、かえって煩雑になるだけです。

重要なのは、**うまくいく1つのパターンに、いかに近づけていくか。**そのためにも、それだけを繰り返していける（余計なものがない）脚本にし、しっかり「型」として身につけてもらうほうがいいのです。

分岐のない1つのストーリーにまとめ上げた行動の教科書を手渡すと、クライアント企業からは「なんだ、この一本調子は。ウチの現場はもっと複雑だ」という反応が返ってくることが多々あります。自分たちの仕事では、みんながもっといろいろなことをしていると思っているようです。

しかし、人の行動はそんなに変わらず、大きくくずれることはありません。うまくいくのは1つのパターン。それを忘れずに集約させていきましょう。

K社の事例 ——ステップ5

K社の店舗の仕事を脚本にまとめるにあたり、ピンポイント行動に加え、すでにほとんどの従業員ができている基本的動作も付箋に書き出しました。

・開店15分前に制服に着替え商品を並べる。
・仕事に関すること以外の私語はしない。
・「いらっしゃいませ」を必ず言う。
・「ありがとうございました」を必ず言う。
・商品やおつりは丁寧に渡す。

その上で、時系列を整理し、脚本となるように並べ替えます。脚本内に入れると流れがおかしくなる要素は欄外に出します。

【K社の脚本たたき台】

・開店15分前までに出勤し、従業員用入り口のタイムカードを印字する。
・制服に着替える。（補足：制服のチェックポイント）
・開店時刻までに商品を並べる。
・お客様が通りかかったり、立ち止まったりしたら「いらっしゃいませ」と言う。
・お客様が立ち寄りやすいように、あまり見ない。（補足：商品ケースを磨いたり、商品を並べ替えたりしながらお声がけする）
・試食しているお客様から15センチぐらい視線をそらす。
・お客様が考えているときにセールストークをしない。（質問を待つ）
・お客様の質問でニーズをつかむ。（思考要素）＝具体例も掲載
・ニーズに合った商品をすすめる。（補足）＝具体例も掲載
・お客様が購入を決めたら「ありがとうございます」と言う。
・購入商品、個数、値段を確認する。
・レジ打ちをし、「（商品名）を、○個で○○円でございます」と言う。
・商品を包装する。
・商品をお渡しするのと引き替えに、代金を受け取る。

・「○○円お預かりいたします」と言う。
・レジに入金する。
・レシートとおつりを渡す。
・「ありがとうございました」と言う。

――夕方の人通りが多いときなど
・従業員がときどき売り場から出る。
・お客様のじゃまをして不快感を与えない。（思考要素）
・プラカードなどで注意を引きつける。＝具体例も掲載
・声に出して「限定品」をアピールする。＝具体例も掲載
・帰宅するお客様に「お土産」の言葉を投げる。＝具体例も掲載
・だれへの「お土産」かを変える。（思考要素）＝具体例も掲載

【欄外】
なお、以下は常に守ること。
・「いらっしゃいませ」を必ず言う。

・「ありがとうございました」を必ず言う。
・商品やおつりは丁寧に渡す。＝具体例も掲載
・仕事に関すること以外の私語はしない。

このたたき台に、店舗ごとの特性に合わせた要素を加えます。

たとえば、空港の店舗では、お土産用に大量に購入するお客様や、飛行機の時間が迫っていて機敏な対応を求めているお客様が多くいます。

そこで、「10個購入すれば1つサービス」というプロモーションを行ったり、あらかじめ商品を袋詰めして陳列するなどといったことがピンポイント行動になり得ます。

そうした、個々の店舗ごとの要素を足し、必要に応じて欄外に補足説明を加え、さらに、そこに書かれた望ましい行動がとれたかどうかのチェックボックスを設けます。チェックボックスには「いいね」「すごい」「さすが」など、自社の従業員にとってなじみやすい、かつ前向きな言葉を用いるようにします。

これで、基本の教科書が完成。実際の現場で用いてみて、必要があれば手直しを入れていきます。

	できた!
・商品を包装する。	□
・商品をお渡しするのと引き替えに、代金を受け取る。	□
・「○○円お預かりいたします」と言う。	□
・レジに入金する。	□
・レシートとおつりを渡す。	□
・「ありがとうございました」と言う。	□

――夕方の人通りが多いときなど

・従業員がときどき売り場から出る。	□
・お客様のじゃまをして不快感を与えない。	□
・プラカードなどで注意をひきつける。	□
プラカードは頭より高く出し、遠くからでも見えるようにする	□
商品説明の声を出しながらプラカードをかかげる	□
怒鳴るような大きな声は出さない	□
人の流れを止めるようなじゃまをしない	□
プラカードが人にぶつかったりしないように丁寧にかかげる	□
・声に出して「限定品」をアピールする。	□
「○月のみの商品です」と時期の限定をアピールする	□
「限定商品で残り○個となりました」と貴重であることをアピールする	□
季節商品は、とくに女性にアピールする	□
・帰宅するお客様に「お土産」の言葉を投げる。	□
「ご家族へのお土産にいかがですか」	□
「パーティにお持ちになってはいかがですか」	□
「ご自分へのご褒美にいかがですか」	□
・だれへの「お土産」かを変える。	□
中高年男性には「ご家族へ」とすすめるのが無難	□
若い女性には、自分用にもできる小さなパッケージをすすめる	□

K社の「行動の教科書」

	できた!
・開店15分前までに出勤し、従業員用入り口のタイムカードを印字する。	□
・制服に着替える。	□
シミや汚れがついていないか	□
襟や袖が折れていないか	□
髪の毛やフケが落ちていないか	□
ネームプレートはまっすぐついているか	□
化粧品などの匂いがついていないか	□
・開店時刻までに商品を並べる。	□
・お客様が通りかかったり、立ち止まったりしたら「いらっしゃいませ」と言う。	□
・お客様が立ち寄りやすいように、あまり見ない。	□
商品ケースを磨きながらお客様との距離を1.5mぐらいに保っておく	□
商品を並べ替えながらお客様との距離を1.5mぐらいに保っておく	□
・試食しているお客様から15センチぐらい視線をそらす。	□
・お客様が考えているときにセールストークをしない。	□
お客様からの質問を待つ	□
いつでも対応できるように1.5mぐらいの距離を保つ	□
・お客様の質問でニーズをつかむ。	□
・ニーズに合った商品をすすめる。	□
「賞味期限の長い商品もございます」と紹介する	□
「お好みで詰め合わせをいたします」と伝える	□
「よろしかったらお試しになりませんか?」と試食をすすめる	□
・お客様が購入を決めたら「ありがとうございます」と言う。	□
・購入商品、個数、値段を確認する。	□
・レジ打ちをし、「(商品名)を、○個で○○円でございます」と言う。	□

行動の教科書づくりのステップ6
結果に直結しない行動をとる原因を特定、環境を変容させる

結果に直結しない行動をとる原因は、環境にある

私たち人間にとって、新しい習慣を身につけるのはラクなことではありません。それが難しい大きな理由は「面倒だから」「飽きるから」といったことですが、周囲の環境が邪魔をすることもあります。

行動の教科書を作成・活用するにあたっても、邪魔が入ることがあります。たとえば、前にも触れた**「スローガン言葉」や精神論をふりかざす人たち**です。仕事に必要なのは「経験と勘と度胸」だと考えている彼らには、行動の教科書の価値はなかなか理解してもらえません。また「既に立派なマニュアルがあるのに、なぜわざわざハイパフォーマーの観察だのピンポイント行動の抽出だのをするのか？」という抵抗もあるでしょう。

あなたの会社にも、そういう人がいるかもしれません。

重要なのは、「そんなもの、使えっこないよ」といった斜に構えた声に負けないことです。そういう声は、実際に結果を出して見せれば消えていきます。3か月続けてもらえば

結果が出ますので、自信を持って取り組みを進めてください。

また、業績が伸び悩んでいる企業には、何かしら従業員の望ましい行動を阻む悪い環境があります。それを特定して、排除していくことも必要です。

悪い環境の中には、「ギスギスした雰囲気」といったものも含まれます。いつもだれかがガミガミ怒鳴っていたり、コソコソ悪口を言い合ったりしているような環境で、人は「行動しよう」としません。

就職活動をしている学生が、「職場の雰囲気はどうか」という質問を必ずするということを思い出してください。

従業員に望ましい行動をとってもらうために、**よけいなストレス要因**は極力消していきましょう。

ライバル行動に注意せよ

8割の普通の人・できない人たちには、これまで業績につながるピンポイント行動が不足していました。行動の教科書で、その「不足行動」を増やしていくことになります。

人間が不足行動を増やそうとするときには、**足を引っ張る「ライバル行動」**にも対応していかねばなりません。たとえば、「英会話の勉強をする」という不足行動を増やそうとしている人には、「テレビを見てしまう」とか、「ゲームをしてしまう」といったライバル行動が生じがちです。

あなたの会社に、従業員の望ましい行動を阻むライバル行動が出現する余地はないでしょうか。

たとえば、そのときどきの仕事に集中しやすいようにと、とくに自分の机を決めない「フリーアドレス」にしたことで、かえって従業員同士のおしゃべりというライバル行動が増えたりしていないでしょうか。

あるいは、報告書をつくるためにインターネットで調べ物をしていたら、ついついネットサーフィンをしてしまうというようなことが、多くの従業員に起きていないでしょうか。

ライバル行動は、従業員一人ひとりが生じさせていくものですから、なかなか組織的な原因を見つけ出すのは難しいかもしれません。

しかし、「もし自分だったら」と仮定し、従業員の仕事の進め方を検証してみれば、「ここで、○○に気をとられてしまうな」という要素が見えてくるかもしれません。

そのライバル行動に引っかかってしまうのは、従業員の気持ちが弱いからではありません。そこに**ライバル行動を起こさせる要因**があるからです。

行動の教科書を活用していくにあたっては、ライバル行動を招きやすい環境をできるだけ排除していくことが重要です。たとえば、気が散りやすいネット環境については、インターネットに接続する時間帯を決め、それ以外の時間帯は接続を禁じるといったルールが考えられるでしょう。

部下が自己効力感を持てているか

本書では、「2：6：2の法則」を踏まえ、6割の普通の人と、2割の仕事ができない人をいかに底上げしていくかを考えてきました。

しかし、彼らを上から目線で切っているわけではありません。何度も述べてきたことですが、彼らが結果を出せずにきたのは、彼らの責任ではなく教える側の落ち度なのです。

しかも、それを自覚できぬまま、経営陣や管理職は「○○は仕事ができない」という態度をとってきました。そのことによって、彼らは自己効力感をひどく低くしています。

自己効力感とは、**「自分はできる」という思い**です。このときの「自分はできる」は、ゆがんだ認知による思い上がりではなく、むしろ「やってみよう」に近いものです。

実際に行動してもらわねばならないのは従業員です。その彼ら自身に「やってみよう」という前向きな思いがなければことは進みません。彼らが、自己効力感を高く保てる環境をつくりましょう。

自己効力感は、以下の4つの要素によって高まることがわかっています。

1　自己の成功体験

過去に似たような行動をうまくできた体験があれば、「今度もできるだろう」と思えます。逆に、失敗ばかりしていれば、「どうせダメだ」となるでしょう。だからこそ、まずは成功させてあげることが重要です。それはごく小さな成功体験でいいのです。

2　代理的体験

自分以外のだれかが、その行動をうまくやっているのを見ると、「自分にもできそうだ」と思えます。仕事を標準化し、「みんなが同じようにできている」状態にすることがこうした効果をもたらします。

3　言語的説得

自分にはその行動ができる自信がなくても、「あなたならできる」と言われることが力となります。「おまえたちはダメだ」「なんでこれぐらいのことができないんだ」という言葉は、大きなマイナスだということがわかるでしょう。

4　生理的・情動的状態

その行動をとることで、感情面などに変化が起きることを指しています。たとえば相手に感謝されて嬉しいとか幸せな気持ちになるといったことです。

これら4つの要素のうち、最も自己効力感を高める作用があるのが「自己の成功体験」、次に「代理的体験」となります。

そうしたことを考えても、行動の教科書を活用することによって、自分や自分の周囲の人（とくに自分よりも優秀と思えない人）が、結果につながる望ましい行動をとれていると認識させてあげることが重要になってきます。

K社の事例 ――ステップ6

K社はこれまで、ワンマン社長の鶴の一声で動いてきました。そのため、従業員の間に「自発的に動く」という文化が醸成されにくい傾向にありました。

行動の教科書を導入するにあたっても、ここがネックになりました。業績がふるわない店舗の従業員は、「そんなこと、うまくできるかわからない」「やって失敗したらどうしよう」とすっかり後ろ向きになっていたのです。

また、「他店舗と競争させられるんじゃないか」と疑心暗鬼に陥っている従業員も見受けられました。

そこで、すべての店舗に社長が自ら出向き、その店舗ごとの行動の教科書を示し、主旨を説明することにしました。一度に全従業員を集められればいいのですが、店舗の休業日はバラバラです。「○○店だけ参加できない」という不公平感をなくすために、あえて、一店舗ずつ社長が訪れるようにしたのです。

同時に、業績のいいA店やB店の実際の様子を撮影したDVDを一人ひとりに渡し、

「望まれているのは、難しいことではなく、ごく簡単な行動なのだ」ということを理解してもらいました。

また、従業員一人ひとりの自己効力感を高めるために、**毎朝「昨日あったいいこと」を3つずつ書き出してから仕事に入る**ようにしてもらいました。

私たち人間は、プラス要素よりもマイナス要素に支配されがちな生き物です。本当はいいこともたくさん起きているのですが忘れてしまって、悪いことばかり記憶しています。それによって、自己効力感も削がれてしまうのです。

そこで、どんなことでもいいので昨日のいいことを思い出してもらい、ポジティブスイッチを入れて仕事に入ってもらうようにしたのです。

それによって、自己効力感が高まるだけでなく、「昨日は○○さんと助け合うことができた」というような、お互いへの感謝がなされ、チームワークがよくなるというおまけもつきました。

こうして、K社が行動の教科書を活用していく環境が整っていきました。

行動の教科書づくりのステップ7
望ましい行動をゲームをするように繰り返し、定着・習慣化

とにかく3か月続ける

「行動の教科書」に示された業績に直結する行動は、繰り返しているうちにその人に定着し習慣となっていきます。ここまでくれば、もはや教科書を開く必要もありません。

ただし、そこに至るまでにはある程度の時間がかかります。あなたが期待している「目に見えるいい結果」を手にできるまでは、多少の時間がかかることを理解しておいてください。

さもないと、せっかくいい方向に向かい始めている（つまり、従業員のいい行動が増えている）ことを見逃し、「やっぱりうまくいかない」と間違った判断を下して元の木阿弥になるハメになってしまいます。

従業員のいい行動がすっかり習慣となり、それによっていい結果がもたらされるまでには「行動変容」が必要になります。

行動変容理論の「**行動変容ステージモデル**」では、人が行動を変える場合、次の5つの

ステージを通過すると考えられています。

1　無関心期＝6か月以内に行動を変えようと思っていない
2　関心期＝6か月以内に行動を変えようと思っている
3　準備期＝1か月以内に行動を変えようと思っている
4　実行期＝行動を変えて6か月未満である
5　維持期＝行動を変えて6か月以上である

このとき、「実行期」から「維持期」に移行していければ、かなりの確率で、それを習慣化できます。つまり、6か月続いて、ようやく「維持できている＝定着しつつある」ということになりますが、これは一般的なケースでの習慣化に言えることです。

行動の教科書では、とるべき行動がより明確になっていますから、3か月あれば結果が目に見えてきます。とにかく、3か月続けてみてください。

8割の人たちの「やらされ感」をなくす

次ページに載せたのは、人の行動自発率についての曲線です。

私たちは、「〇〇しなければならない」という「Have-to-do」で動いている限り、その必要最低限しかしません。

ところが、「〇〇したい」という「Want-to-do」で動くと、約3倍の行動をとるようになるのです。

ハイパフォーマーと、結果を出せない8割の人たちは、そもそもの行動量が違います。

ハイパフォーマーは「〇〇したい」で動いているのに対し、8割の人たちは、「〇〇しなければならない」というやらされ感で動いているからです。

いかに、**8割の人たちのやらされ感を排除し、行動自発率を上げていく**かはとても重要なテーマです。

行動の教科書で「業績につながる具体的行動」を身につけ、それによって結果が出せるようになれば、どんな人でも「〇〇したい」という意欲が生まれます。

また、従業員の行動自発率を高く保つためには、行動の教科書を「やらされ感なく」活用してもらう楽しい仕組みが必要になります。

「○○したい」で動くと約3倍の行動をとる

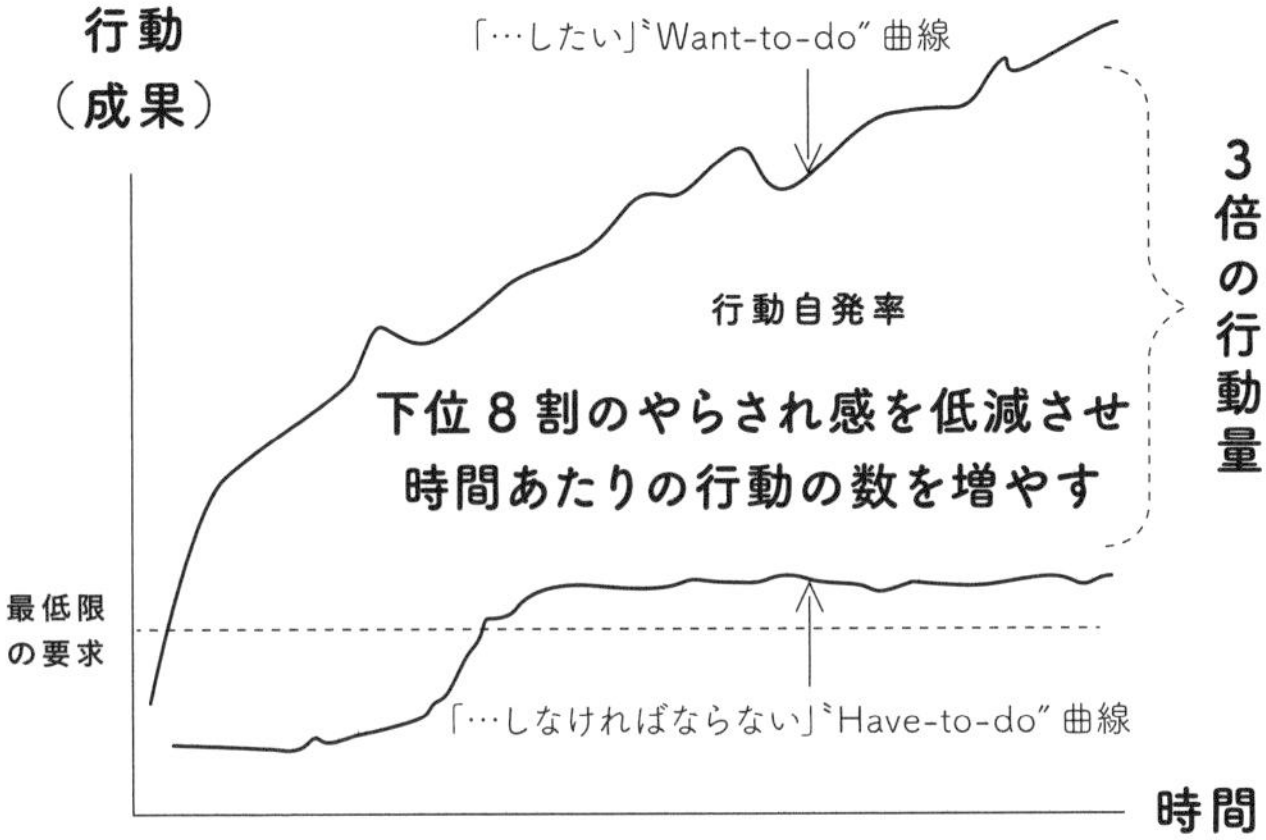

わが社のクライアント企業が用いている代表的な仕組みの1つが、「ポイントカード」です。

次ページにあるようなアナログなカードを従業員一人ひとりに渡し、望ましい行動がとれたらハンコを押したり、シールを貼ったりしていきます。そして、ある段階までポイントがたまったら、従業員が喜びそうなものと交換できるようにするのです。

ポイントの使い方は、その会社の個性によりますが、あくまで仕事を楽しくすることが目的なので、高価なものとは交換しません。

ある企業では、おもちゃの紙幣をつくり、ポイントに応じてそれを渡していま

ポイントカードの例

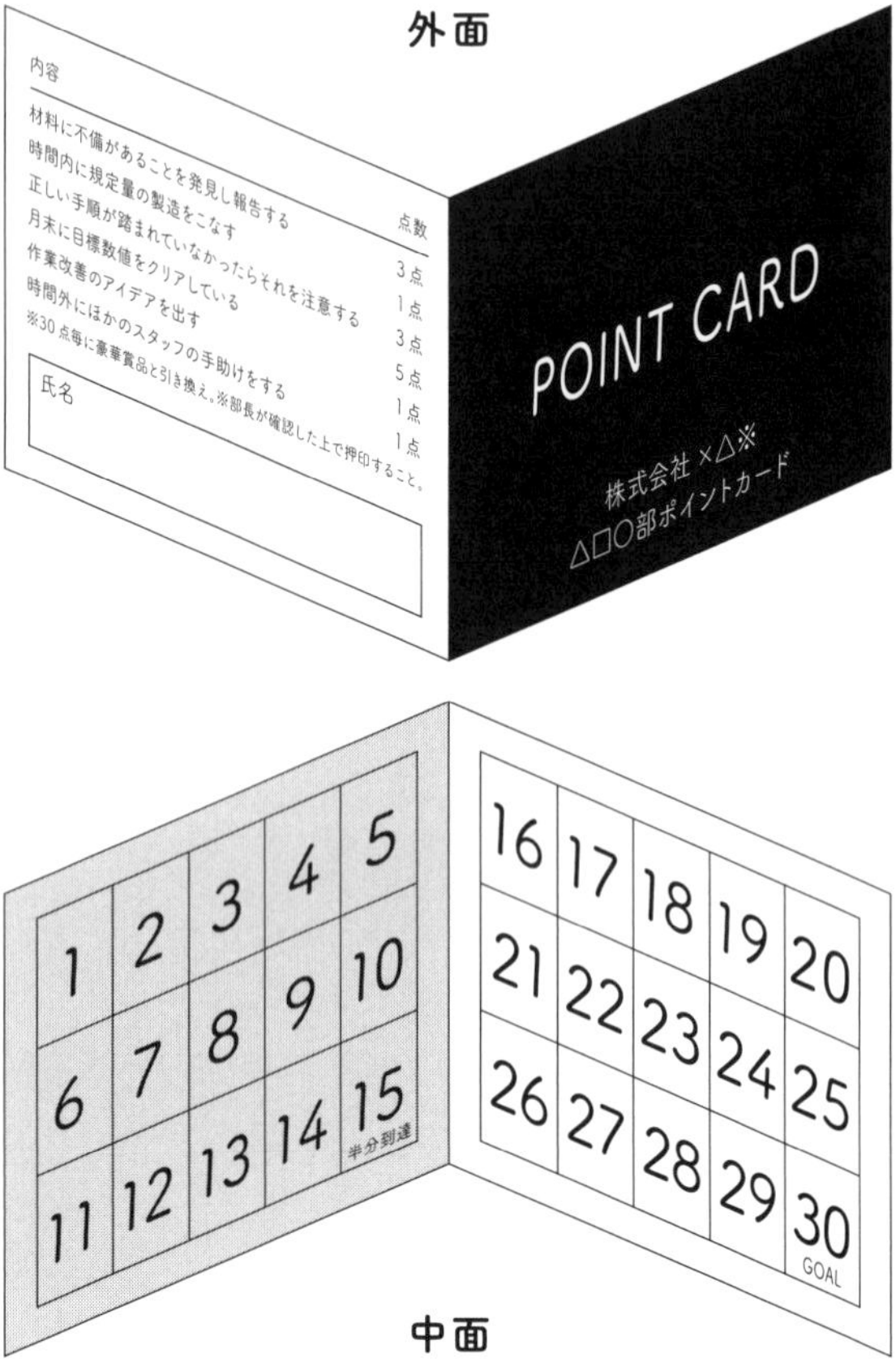
外面
内容
材料に不備があることを発見し報告する
時間内に規定量の製造をこなす
正しい手順が踏まれていなかったらそれを注意する
月末に目標数値をクリアしている
作業改善のアイデアを出す
時間外にほかのスタッフの手助けをする
点数
3点
1点
3点
5点
1点
1点
※30点毎に豪華賞品と引き換え。※部長が確認した上で押印すること。
氏名
POINT CARD
株式会社×△※
△□○部ポイントカード
1 2 3 4 5
6 7 8 9 10
11 12 13 14 15
半分到達
16 17 18 19 20
21 22 23 24 25
26 27 28 29 30
GOAL
中面

す。その紙幣を総務担当者のところに持って行くと、数種類用意された100円程度の菓子のなかから、好きなものと交換してもらえるのです。

ポイントがたまったら、朝礼で表彰されるという会社もあります。

社長の一声でシステムの変更が利く中小企業では、ポイントを半休に代えられるようにしたところもあり、従業員から好評を得ています。

いずれにしても、今の若者たちが労働の代償として求めているのは、金銭だけではありません。彼らにとって、自分の時間を確保できることや、雰囲気のいい職場で働けることのほうがずっと重要なのです。

そうしたことを踏まえ、あなたの会社ならではの楽しい仕組みをつくっていきましょう。

K社の事例　――ステップ7

本社と離れた店舗で働く従業員は、これまでなかなか社長から褒められるという機会はありませんでした。

そこで、行動の教科書を導入するにあたり、一人ひとりの従業員ともっとコミュニケーションをとって、褒めてもらう方法を考えました。それが、スマートフォンを使ってのホウレンソウとフィードバックでした。

まず、各人に会社専用のスマホを提供し、新しく設けたメールアドレスで連絡を取り合える仕組みをつくりました。あくまで仕事用のものとして、個人の生活とは分けてもらうためです。メールが主なので格安スマホで充分でした。

そして、毎朝、社長から短い朝礼メールを送ってもらうようにし、全社員が一堂に会する代わりに社長のメッセージを共有できるようにしました。

さらに、店舗を統括する販売部長宛てに各店舗から報告メールを送れるようにし、そのメールには必ず2時間以内に返事をしてもらうようにしました。時間がないときには、「連絡ありがとう。改めて返答します」という一文でもいいから送ってもらいました。

たとえ悪い報告であっても「報告ありがとう」という言葉はつけてもらい、いい報告であれば大げさなくらいに褒めてもらいました。

部長は当初、「そんなこと、慣れていないからできない」と難色を示しましたが、実際にやってみると、若い従業員の反応がよく、お互いの距離が縮まるのが実感できたようです。今では部長からも、「いつも頑張ってくれてありがとう」などと、まめにメールを送っています。もちろん、このようなメールの場合は、偏りがないように一斉送信してもらっています。

社長も、「朝礼メール」が習慣になり、毎朝どんなメッセージを送るかを考えるのが楽しみになってきたと言ってくれました。

また、個々の店舗では、従業員同士の「感謝」を増やすようにしました。ちょっとした手助けに対し、お互いに「ありがとうございます」を口にし、笑顔で接するようにしてもらいました。

それによって、従業員の自発的な行動が増えただけでなく、見ていたお客様から「○○店の従業員は気持ちがいい」という褒め言葉が本社に届くこともありました。

毎朝、始業前に従業員がサンキューカードを交換する店舗も出てきました。「昨日は○○をしてくれてありがとう」と、行動の教科書に書いてあることをやった相手に感謝するというものです。それを手にすることで、気持ちよく仕事を始めることができたといいます。これは、だれから言われるでもなく自分たちで始めた取り組みでした。

COLUMN

知識や戦略は「基本の型」を身につけてから学ぶ

当社がクライアント企業に提出する行動の教科書には、ときに「こんなことでいいの?」と思うくらいの、簡単な具体的行動が示されています。

それを見て、企業の担当者は、いかにも物足りないという表情を見せます。経営書に登場するような知識や戦略がどこにもないからです。

もちろん、ビジネスにも個人の人生を充実させるためにも知識や戦略は必要です。しかし、知識や戦略を使いこなすには、その前に基本の型が身についている必要があるのです。勉強熱心な社長や経営幹部にありがちなのですが、新しいビジネス理論や戦略を知ると、「よし、部下にも学ばせよう」と研修などに取り入れ、8割の人には難しすぎることを教えようとします。

どれほど柔道の技について知識があり、試合の組み立てが頭の中でできたとしても、受け身や投げの練習を重ね、基礎的な力がついていなければ試合では勝てません。それどころか、大けがをしてしまうかもしれません。

柔道に限らず、水泳でもスキーでも、あるいはほかのスポーツでも、基礎ができていない段階で高度な技に挑戦すると、おかしなクセばかりがついてしまいます。そして、そのクセはなかなか抜けません。

仕事もまったく同じです。基本の型は非常に大事。行動の教科書で、とにかく正しい型（行動）を繰り返してもらい、それが整ったところで、知識や戦略について取り組んでもらいましょう。

基本の型が身についた上で学べば、知識や戦略に対する理解も早まります。この王道を外してはなりません。

4

行動の教科書をどう使うか

1 「行動の教科書」に対する抵抗勢力対策

行動の教科書ができあがったら、次はこれを使って8割の人たちに成果に直結する行動をとってもらうことになります。

ところが、前にも触れましたが、行動の教科書の必要性をまったく理解できない人もいます。自分たちがやってきたことだけを「是」とし、新しい世代をそこに留め置こうとする人たちです。彼らの多くが部長世代で、大企業ほどその傾向が顕著と言えます。

ある大手メーカーの営業部長が、「仕事はKKDだ」と口にするのを聞いて、私は「日本は大丈夫だろうか」と暗澹たる気分になりました。

KKDとは、「経験・勘・度胸」だそうです。

今の部長たちはバブル景気を経験しています。そこでは、たしかに経験と勘と度胸で仕事が成り立ったのでしょう。厳しい言い方をすれば、能力に関係なく結果が出せました。

しかし、そんな時代はとうの昔に終わっています。

経験と勘と度胸はどれも個人的な要素で、それに頼っていれば「俺に任せておけ＝ほかの人には任せられない」というビジネススタイルになります。つまり、人に仕事がついてしまうスタイルであり、行動の教科書が目指すところとは真逆に位置します。

若い世代は、ＫＫＤのような精神論は望んでいません。**若者たちは、間違いなく成長意欲は持っています。ただ、自分の時間を犠牲にすることなく効率的に仕事を覚えたいのです。**

そういう姿勢を、ＫＫＤ世代は「甘い」と批判するでしょう。しかし、若者たちが効率的に育っていくことは、会社にとっても上司にとっても歓迎すべきことです。

行動の教科書を用いて、それを可能にしていきましょう。

2 ハイパフォーマーを基準に考えていないか？

行動の教科書が、結果を出せていない8割の人の底上げを図るものだという説明に対し、企業の経営陣や人事担当者は、最初は少なからず抵抗感を持つようです。

「ウチにはできる人間のほうが多いから、それは当てはまらないよ」
「今はできないかもしれませんが、たまたまなんです」
「少なくとも、結果を出せない人間が8割もいるはずはない」

彼らは本当にこう思っており、自社の従業員の能力を実際よりも高めに評価しています。

このように実態を把握できていない理由は、彼らがふだんからハイパフォーマーとばかり接しているからです。8割の人のことも、その**ハイパフォーマーを基準に**考えているのです。

たとえば、8割の人たちはまず本を読みませんが、彼らはそれを知りません。

上司や育成担当者が「この本は役に立つよ」とすすめても、8割の人の中で実際に読むのは、どこの企業でも1割程度です。また、読んだとしても、文字を追っているだけで、その言葉や文脈から意味を汲み取ることができません。

それを「意識が低い」などと嘆くこと自体がおかしく、そもそも過大評価して適切な育成を行っていないことが問題なのです。

「わが社において仕事ができない人など少数派だ」と考えるのは間違い。

そして、「仕事ができないとしたら彼らが悪い」と切り捨てるのも間違い。

正しくは、「本当だったら結果が出せるであろう人たちに、勝手に会社が高めに評価して、その人たちがわかる言葉で具体的行動を教えてこなかったのがマズかった」ということなのです。

3
「接触回数」を計測してみる

経営陣や部下を持つ管理職はもともと優秀な人が多く、自分自身がハイパフォーマーに属しています。そのため、ハイパフォーマーに親しみを感じ、知らず知らずのうちにそういう人たちとの接触が多くなっています。逆に、ローパフォーマーは理解しがたい存在であり、扱い方がわからないため敬遠されます。

つまり、**経営陣や管理職は、無意識のうちに8割の人たちを切り捨てている**のです。それによって、ますます8割の人たちは仕事を教えてもらえる機会が減り、パフォーマンスを落としていくという悪循環が生まれます。

私たちがクライアントにこんな話をすると、「いや、そんなことはない。私はどの部下とも公平に接している」という反論を受けることもしばしばです。

そんな人には「一度、すべての部下との接触回数を計測してみてください」とお願いします。

「おはよう」と挨拶する。
仕事の打ち合わせをする。
部下からの提案を聞く。
取引先に一緒に出向く。
ランチを共にする。

こうしたことを大小含めて計測すると、結果を残せていない部下とは明らかに接触回数が少ないはずです。

「ローパフォーマーはうまく仕事を回せないし、自分から提案してくることもないから、結果的に接触回数が減ってしまうんだ」という言い訳はやめましょう。「**接触回数が少なかったから仕事のやり方を伝えてあげられず、彼らは結果を出せなかったんだ**」というスタンスに立ちましょう。

私は、きれい事で言っているのではありません。それによって8割の人たちが理解できる行動の教科書が提供できれば、あなたの仕事が格段にラクになるのです。

4

行動の教科書を使うと接触回数が増える

上司としては正直なところ、2割のハイパフォーマーの部下とだけ接しているほうが気楽でしょう。それに、会社の上司と部下といえども人間ですから、好き嫌いがあるのは当たり前のことです。どうしてもそりが合わない、声をかけにくいといった部下も存在するでしょう。

しかし、性格とか態度といったことに着目していると、いつまでたっても接触回数は増やせません。

そこで、行動の教科書を用いれば、どういう部下にも無理なく声をかけていくことができます。明確な基準のある行動をとってもらい、それができたら褒めるというフィードバックをすればいいからです。

「○○君にはもっと声をかけたほうがいいんだろうか」
「○○さんのことばかり褒めすぎてはいないか」

こんなふうに上司が悩むのは、フィードバックの基準がないからです。基準がないなかでフィードバックが行われれば、部下も不公平感を抱きます。

1日に5本のアポとりの電話をかけるという行動ができた。

毎週金曜日の午後5時までに、報告書を作成・提出している。

取引先で、示された手順どおりの商品説明ができた。

などなど、**行動の教科書に示されたことを基準にフィードバックすれば、部下たちと偏りのない接触が可能になります。**

5

多くの人は「できる」と勘違いしている

今の日本でシートベルトが当たり前のものになったのは、私たち一人ひとりが最初は嫌々ながらも「車に乗ったらシートベルトを装着する」という行動を繰り返し、それを体が覚えてしまったからです。

なぜ、「望ましいとわかってはいるが面倒くさい行動」を習慣化するまで繰り返すことができたかは、「それをやらないと警察に見つかって罰が与えられる」という可能性があったからです。

仕事でも、罰を避けたいがために望ましい行動をとることはあります。

「今週中に書類を仕上げないと、推薦企画に入れないぞ」
「このままの数字じゃ、他部署に移ってもらうしかなくなるな」

このように、上の人間からペナルティをちらつかされれば、部下は必死に動きます。

しかし、こうした手法は、従業員の会社に対する信頼感を著しく低下させます。

また、**「やらされ感」が蓄積していく**のも大きな問題です。

もともと、ハイパフォーマーではない8割の人たちは、なかなか自分のやり方を変えようとはしません。彼らは自分勝手な解釈や思い込みで動いているために結果が出せないでいるのですが、そのことに気づいていません。

とくに6割の普通の人たちは、経営陣や上司と同様、前述のように「自分はできる」と思っています。たとえば「自分は営業ができている」と思いながら、契約につなげられない人は多いのです。

頭では「わかっている」と思い込んでいる人たちに、行動の教科書を用いて、本来、彼らがまったくできていない行動をとってもらうには、少々コツがいります。

負担感を減らし、自尊心を傷つけないようにしなくてはなりません。

6

「普通の人」のプライドを傷つけない提示のしかた

「意識高い系」という言葉が、最近よく使われます。

この言葉は、ほかのだれかについて語っているようでいて、実は自分に対して用いているることがほとんどです。つまり、そもそも「意識高い系」などという言葉を好んで使う人は、「自分は意識が高いから」と思っているわけです。

こうしたタイプは、6割の普通の人に多く見られます。

彼らは、「自分は頭がいい」と思っていて、イコール「自分は仕事ができる」という思い込みを持っています。言ってみれば、認知がゆがんでいるのです。

彼らは、たしかに**知識はそれなりにあるのですが、それを結果を出すための「知恵」に変えることができずにいます。**

こういう人たちは、研修で「お客様への提案資料をつくって発表せよ」などというテーマを与えると、とてもきれいで立派な提案資料をつくってきます。

それを見て、パワーポイントさえろくすっぽ使えない世代の上司は「おお！」と驚くわけです。そして、とてもきれいな提案資料をつくった彼らを、取引先に向かわせます。ところが、お客様はそんなものは望んでいません。きれいな提案資料は独りよがりで、お客様にはまったく刺さりません。

それを理解できずに、相変わらず「意識高い系」の振る舞いをしてお客様を怒らせ、報告を受けた上司からも叱責されます。

すると彼らは、心折れるか、あるいはブチ切れます。

「僕はこんなにいいものをつくったのに、だれもわかってくれない。理解できないほうが悪いのだ」

こういう思いに支配されている部下は扱いにくく、上司も避けるようになって接触回数が減ります。そのため、ますますきちんと仕事を教えてもらえなくなるという悪循環に陥るのです。

このように、ある種の困ったプライドに支配されている人は、若者だけでなく、ベテランであるにもかかわらず役職がついていないような社員にも見受けられます。

大事なのは、そういう人たちを放置しないことです。

重要なメンバーである彼らが、いい行動をとってくれさえすればいいのです。あえて、彼らのプライドを傷つける必要はありません。彼らの特質を知った上で、望ましい行動をとってもらうようにしましょう。

彼らは、そのプライドゆえに「自分には行動の教科書など必要ない」という態度をとるかもしれません。そんなときは、「これを使え」と押しつけるのではなく、**さりげなく「そういうものがあるらしい」と小耳に挟ませるという手法をとる**のもいいでしょう。

実際に、私たちがコンサルティングを行う現場では、そうした工夫がなされています。

ある企業の30代の社員は、非常にプライドが高いタイプでした。そこで、まず、彼の後輩に行動の教科書を使ってもらい、それを見てもらいました。後輩の行動が変わり、成果が目に見えて出始めると、徐々に興味を示し、手に取ってくれるようになったのです。

7 繰り返し望ましい行動をとってもらうために

先にも述べたように、いい結果はいい行動の積み重ねによって生まれます。

すでに成功体験を得ているハイパフォーマーは、そのことを知っているから、だれに促されなくてもいい行動を繰り返します。

しかし、8割の人たちはそうではありません。彼らに対しては、まず仕組みの力を使って**いい行動を繰り返してもらう**必要があります。私たち人間は飽きっぽくできており、意思の力に頼っていたらたいていのことは三日坊主で終わってしまうからです。

人に望ましい行動を繰り返してもらう仕組みについて、行動科学マネジメントでは「**ABCモデル**」という概念を用いて説明しています。

A（Antecedents）＝先行条件
B（Behavior）＝行動
C（Consequences）＝結果

私たち人間が、最初に何かの行動を起こすのは「A（先行条件）」によります。これは「誘発刺激」と言い換えることができます。


「白髪が気になった」から髪を染めた。

「どうぞとすすめられた」から菓子を食べた。

「友人に誘われた」からハイキングに出かけた。


こうした先行条件で、人はたしかに行動します。

しかし、それを繰り返すかどうかはわかりません。繰り返すには、**その行動をとった結果どうなったか**が重要になります。

髪を染めて、「若返ったと言われた」ならまた染めるでしょう。でも、「似合わないと言われた」らやめてしまうでしょう。

すすめられたから食べた菓子を、もう1つ食べるかどうかは味次第です。

ハイキングも、楽しくなければ2度目はないでしょう。

これら、次の行動を決定づける「C（結果）」を「強化刺激」と呼んでいます。

ABCモデル

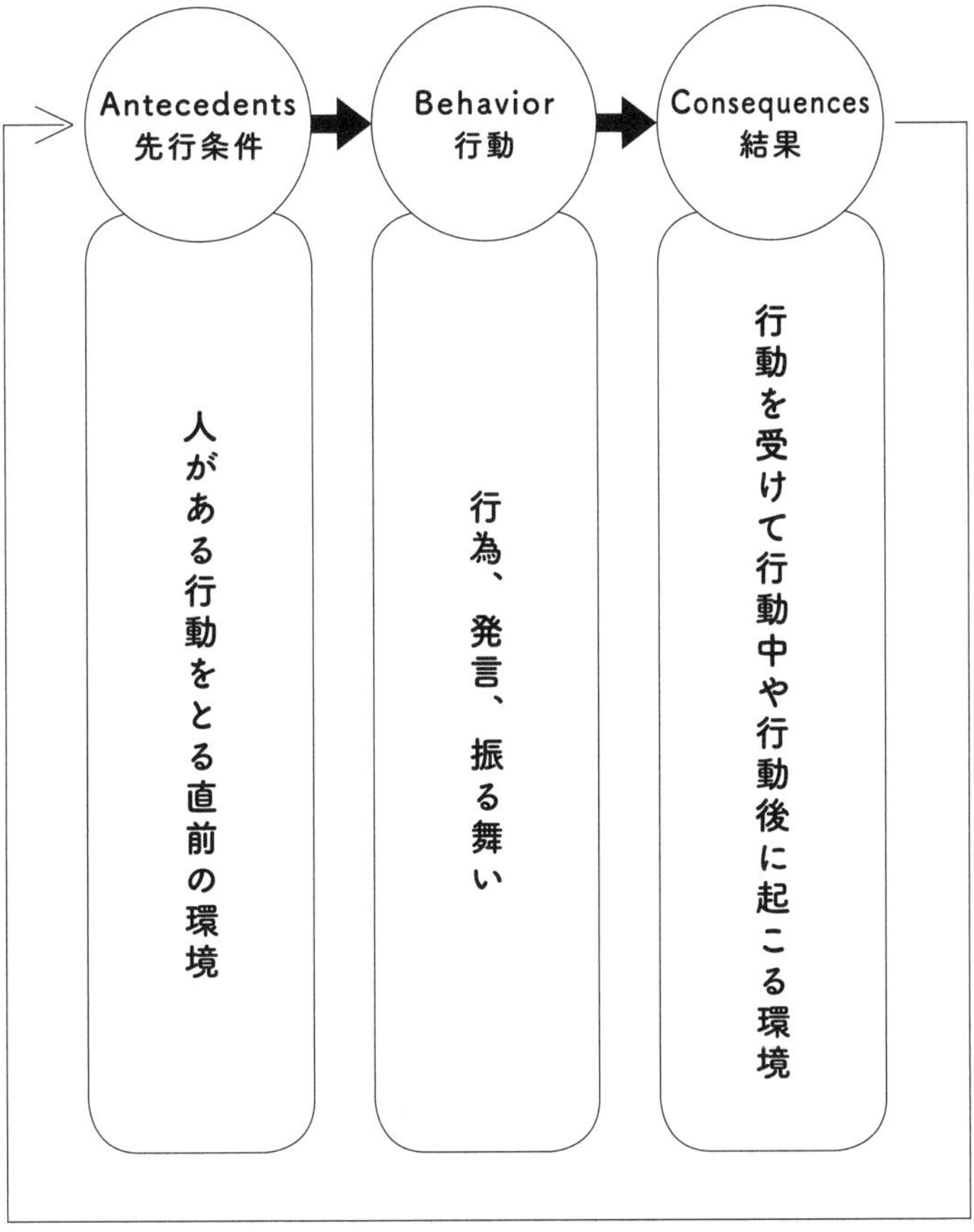

結果が次の行動の先行条件となる

私たちは、誘発刺激よりも強化刺激にずっと大きな影響を受けていますが、案外それを意識していません。眼鏡をかけている人に「なぜ眼鏡をかけているのか」と聞けば、たいてい「目が悪いから」という答えが返ってきます。このときの「目が悪い」というのは誘発刺激である先行条件です。

しかし、その行動をとり続けている理由は「眼鏡をかけるとよく見える」という結果を手にしているから、強化刺激を受けているからです。もし、よく見えなかったり、めまいがしたりということがあれば、眼鏡をかけ続けることはないでしょう。

野菜を食べない偏食家の人に、「このままでは病気なってしまうよ」と諭すのは誘発刺激にはなります。ただし、食べ続けてもらうためには、「食べてみたら美味しかった」とか「翌朝からお通じがよくなった」という強化刺激が必要です。

これと同じことが、仕事にも当てはまります。

8割の人たちに対し、「こういう行動をとれ」と言うだけでは、繰り返してもらえません。繰り返してもらわなければ、業績アップにつながりません。

だから、行動の教科書を用いるにあたっては、彼らが望ましい行動を繰り返したくなる強化刺激を用意します。

8 強化刺激で「続けられない」ことが継続できるようになる

6割の普通の人たちは、「継続すること」も苦手です。

「いい行動を繰り返していれば、ハイパフォーマーのように結果が出せるのだろう」ということは理解できていても、実際に成功して達成感を得た経験がないために、継続できないのです。

あるいは、業績につながるピンポイント行動が抜け落ちているために、「頑張って続けてみたけれど結果が出なかった」というネガティブな体験が、さらに彼らの意欲を削いでいる可能性もあります。

もっとも、6割の人たちに限ったことではなく、**習慣化できていない行動を継続する**のは、だれにとっても大変です。

たとえば、歯磨きは子どもの頃からの習慣になっていますから、就寝前に歯を磨くことは簡単です。むしろ、歯磨きしなければ気持ち悪いと感じます。

でも、寝る前に「腹筋運動しろ」とか「座禅を組め」とか言われたらどうでしょう。1

週間は続いたとしても、だんだんやらなくなってしまうでしょう。

前項で紹介した「ABCモデル」を思い出してください。人が望ましい行動を繰り返すのは先行条件（誘発刺激）ではなく、結果（強化刺激）の力が大きいのです。

続けられない従業員に対しては、「この行動をとって」と指示するだけでなく、褒めるといった強化刺激を与え、自発的にその行動を繰り返してもらえるようにしましょう。

つまずいている6割の普通の人たちには、**「誘発刺激によって行動を起こし、強化刺激で継続してもらう」**という流れが必須です。

先にも述べたように、誘発刺激は「自尊心を傷つけない」ものであること、さらに「負担感が少ない」ものであることが重要です。

そして、継続してもらうための強化刺激には、次の要素を入れ込んでいくと効果的です。

- **達成感が発生する**
- **承認欲求が満たされる**
- **貢献度がわかる**
- **成長度が見える**

・自己肯定感が高まる

たとえば、こんな言葉をかけてみましょう。

「目標数値出たじゃないか（達成感）、すごいよ○○君（承認欲求）。おかげでチームの成績が上がったよ（貢献度）。アポも積極的にとれるようになっているね（成長度）。○○君ならこれからも大丈夫だ（自己肯定感）」

こうしたフィードバックを日々行うことで、部下は確実に変わっていきます。

COLUMN

コーチングの手法は8割の人には「詰められている」と感じさせる

従業員が自発的に仕事に取り組むことを目指し、多くの企業が「コーチング」の手法を取り入れています。コーチングは、コーチする側が主導権を握らず、あくまで相手が自力で目標地点に向かうことをサポートするものです。

そこでは、「質問」が多用されます。さまざまな角度から質問することで、相手が本当に考えていることに気づくことを重視しているのです。

「○○君が目指したいのはどんなところ?」
「○○君が、その目標に少しでも近づくために、どうすればいいと思う?」

「△△さんが、このプロジェクトで失敗したのはなぜだと思う?」
「△△さんが次に失敗しないためには、どうすればいいと思う?」

決めつけることなく相手の思いを引き出す方法は、一見、優しい印象を受けます。

しかし、8割の人たちにとって、この質問攻めは「詰められている」という恐怖感に近いものを感じるのです。

そもそも、8割の人たちは、自分の仕事やそのあり方について深く考えることをしていません。いろいろ聞かれても困るのです。それよりも「どう行動すればいいか」を教えてあげることが重要です。

5

ポジティブで単純な1分間フィードバック

1

「スモールゴール」をたくさん設定する

フルマラソンのみならず、100キロマラソンも完走した経験がある私ですが、スタート直後はいつも「先が長いなあ」と感じます。オリンピックに出場するような第一線の選手であっても同様だそうですから、初心者ともなれば「完走などとても無理」という気持ちになることでしょう。

そんな初心者に対して経験者ができることの1つが、「スモールゴール」をたくさん見つけてあげること。たとえば、5キロ走った段階ですでに疲れを見せ始めた初心者に、「もう5キロも来たじゃないか、はじめてにしてはすごいよ。じゃあ、次はとりあえず10キロまで行ってみようか」というように、**途中に小さなゴールを設定し、そのたびに達成感を得てもらう**のです。

それによって無事に最終ゴールまで導いてあげることができるかもしれないし、たとえ途中でリタイアしたとしても、本人の中には「15キロまでは走り切ることができた」といったいい記憶が残ります。これは、「最後まで走ることができなかった」と捉えるのとは雲泥の差があります。

一方で、「まだ5キロしか来ていないぞ。まだまだ先は長いんだ」と言われたらどうでしょう。早々に脱落する確率が上がってしまうのではないでしょうか？　しかも「リタイアした」という失敗ばかりが強調されたら……。

これまでの日本企業は、後者のパターンで従業員に接することが多く、およそスモールゴールを用意することなどしませんでした。それどころか、最終ゴールポストをさらに遠くへ動かして、頑張って走ってきた社員をさらにしごくようなことまでしてきました。そこには、「小さなゴールにたどり着くことで満足してしまったら成長しなくなる」とか、「成長させるには、より厳しい指導が必要だ」といった根性論が根底にあります。しかし、その根性論には何のエビデンスもありません。

前にも述べたように、就職を前にした学生たちは、会社を選ぶ上で「きちんと仕事を教えてもらえるかどうか」を重視しています。つまり、彼らは成長意欲はあるのです。**エビデンスのない精神主義は、その成長意欲を潰しこそすれ伸ばすことはありません。**

管理職世代は、もっと冷静に考えるべきです。たしかに、自分たちは厳しい根性論で育てられてきたかもしれません。しかし、だからといって「褒められると成長を止めてしまう」ことなどあったでしょうか。本当はもっと褒めてほしかったし、褒めてもらえたらさらに頑張れたのではないでしょうか。

行動の教科書に書かれた望ましい行動を1つでもとったなら、それはすなわち成長です。1ミリでも成長しているのです。そのことを積極的に褒め、達成感を得てもらいましょう。

次ページの表は、営業社員のための行動の教科書の一部です。毎日何回アポとりの電話をかけたか、何社訪問したかを記入していき、月末に合計を出し、前月と比べて増えていたら褒め、減っていたら足りない行動を増やしてもらいます。

まずは訪問回数を増やしてみよう！

○月の訪問回数

アポとり	1	2	3	4	7	8	9	10	11
	5	6	4	4	3	・・・			
	14	15	16	17	18	21	22	23	24
	25	28	29	30	31(日)	→（　）回 電話したね！			
訪問	1	2	3	4	7	8	9	10	11
	2	1	3	4	5	・・・			
	14	15	16	17	18	21	22	23	24
	25	28	29	30	31(日)	→（　）社 訪問したね！			

先月との比較		先月	今月	減	同	増
	アポとり	（　）回	（　）回	残念	もう少し	やった
	訪問	（　）社	（　）社	残念	もう少し	やった

2 「失敗によって成長する」は普通の人には当てはまらない

部下を育てるにあたり、「失敗体験を通して成長を促す」という手法をとりたがる上司がいまだにいます。こういう上司は、部下が小さなことをやり遂げたときに褒めることはまずありません。それどころか、部下が失敗につながる行動をしていても、アドバイスを与えません。**あえて失敗させる**わけです。

しかし、そんな権利が上司にあるのでしょうか。部下を育成することが上司の義務なのです。間違ったことをやっているのを知りながらアドバイスしないというのは、法律用語で言うところの「未必の故意」に近いのではないかとすら思います。

そういう上司たちは、「人間は失敗を経験してこそ大きな成功をつかむことができる」という精神論を展開します。しかし、実際には彼ら自身、失敗を糧になどできていないことがほとんどです。

失敗から多くの学びを得て成功につなげることができるのは、ハイパフォーマーの中でも一部の限られた人だけ。

たいていは、失敗すれば自信をなくし「次にもまた失敗するに違いない」とマイナス感情を抱くようになります。脳は考えたことを実現していきますから、本当にまた失敗してしまい、すっかり萎縮するという悪循環に陥ります。

だから、本当に仕事ができる上司は、部下にできるだけ失敗させないようにします。171ページで説明した「ABCモデル」を思い出してください。**人がいい行動を繰り返すのは、それによっていい結果が得られるとわかっているから**です。「行動した先に失敗があった」という状況をあえてつくり出せば、部下の行動は止まってしまいます。

3 1日1分ミーティングでいい行動が習慣化できる

「自分の部下が使えない」と嘆いている上司は、およそ、その部下に適切なフィードバックを行っていません。要するに、「使えない」のではなく「使おうとしていない」のです。

6割の普通の人たちや2割の仕事ができない人たちに、これまでとは違う「成果に直結する行動」を繰り返してもらうには、そのためのフィードバックが不可欠です。そして、それは数回限りのものではなく**「定期的」**である必要があります。なぜなら、部下のいい行動を習慣化するまで持っていかねばならないからです。

とはいえ、忙しい経営陣や管理職には、フィードバックに使える時間は限られています。

そこで、「1日1分ミーティング」を取り入れてはどうでしょう。結果を出させたいすべての部下と、1日1分のミーティングを毎日、持つのです。

「そんな煩雑なことをするくらいなら、週末に5分やったほうがいい」と感じるかもしれませんが、行動の教科書によっていい結果を出せるようにするためには、**短時間でいいから早いフィードバック**をしたほうが効果が大きいのです。もし、従業員が望ましい行動をとればその日のうちに褒めることができるし、間違った行動をとっていたなら、その日のうちに改めてもらうことができるからです。

また、従業員の立場からすれば、「○時になれば確実にフィードバックが得られる」という安心感につながります。こうした安心感も、従業員のいい行動を強化する重要な要素となります。

そういう意味でも、ミーティングの時間は前もって決めておきましょう。そして、一度決めておきながら上司の都合でキャンセルすることがないようにします。「毎日、4時45分から1分間」と決めたら、必ずその時間に行いましょう。

もし、どちらかに外出予定などが入ってしまい不可能な場合、前もってお互いの時間をすりあわせて変更し、かつそれを守りましょう。

大事なのは、なあなあにしないこと、**その1分は非常に重要な時間であると双方が認識すること**です。

それによって「たった1分」の充実度が変わり、だらだらと1時間を費やすより、ずっと中身の濃いミーティングとなります。

4

「○○ができた」と具体的に言えれば、成長を実感できる

では、その貴重な1分で何をしたらいいのでしょう。

ズバリ「行動の確認」です。

行動の教科書にある行動をできたかできなかったか。できたならば褒めて強化し、できなかったならば、その理由を検証し、次からはできるようにします。それをするだけでいいのです。

毎日この作業を積み重ねることで、従業員の望ましい行動が繰り返されるようになり習慣化していきます。

このときに、**「何ができたか」を具体的に見える化**しましょう。「よくできている」とか「昨日よりできている」といった曖昧な評価ではなく、「電話を3本かけた」とか「お礼のメールを帰社して5分以内に送った」とか、行動の教科書に書かれている具体的行動に照らし合わせチェックしていきましょう。

3章で紹介したK社の事例で言えば、こんな感じです。

「お客様から賞味期限を聞かれたとき、日持ちする商品をすぐに紹介できていたね」
「プラカードを掲げるときの声の大きさがちょうどよかった。うるさくないけど、よく聞き取れたよ」

こうして実際にできていた行動を具体的に示し、その欄のチェックボックスにチェックを入れながら褒めてあげればベストです。

1分間ミーティングでは、行動に着目するだけで内面的なことに踏み込む必要はありません。

もし、「行動できなかった」理由について明らかに内面的要素が絡んでおり、フォローが必要だと思えたら、そのためのミーティングは別途、設けてください。

5 ステップアップのプロセスを成長グラフにつける

できなかった行動ができるようになったら、成長のグラフをつけていきましょう。

このときのグラフは、部下が自分の成長を実感できるものであることが必須です。他者と比較したり、「できなかったこと」を反省させるためのものではありません。

そこで、右肩上がりのグラフになるようにします。**望ましい行動がとれたら、それが蓄積される形式にする**のです。

行動の教科書に書かれた行動を点数化し、それができるたびに点数を蓄積していくのもいいでしょう。

大事なことは、「どんな行動をとったからグラフのマス目が1つ増えたか」を明確にすること。徹底して行動を基準にグラフ化することです。

成長とは、いい行動が増えることそのものです。周囲から「成長したね」という言葉をかけられることではありません。

もちろん、言葉で褒めてあげることは大事です。そのときに、行動を記録した成長グラフが横にあれば、従業員にとってより確かな指針となるでしょう。

グラフは積算型にする

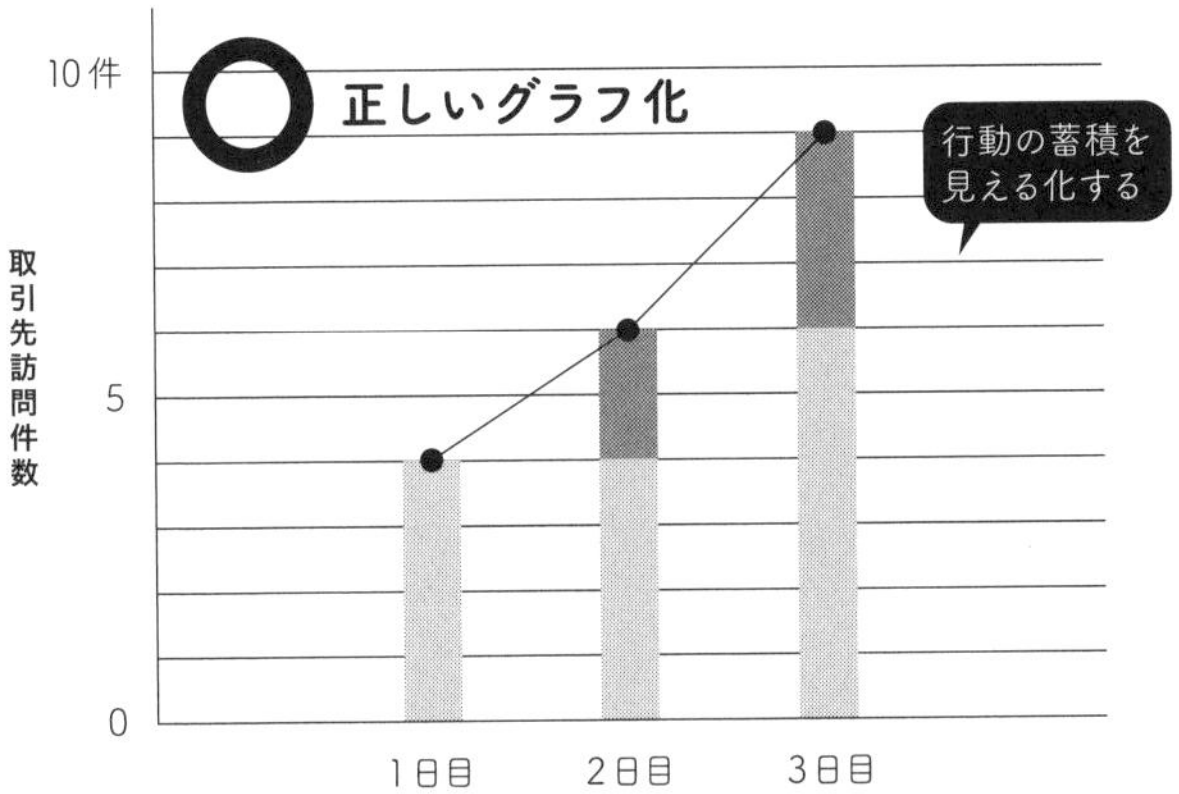
正しいグラフ化
行動の蓄積を
見える化する
取引先訪問件数
10件
5
0
1日目
2日目
3日目

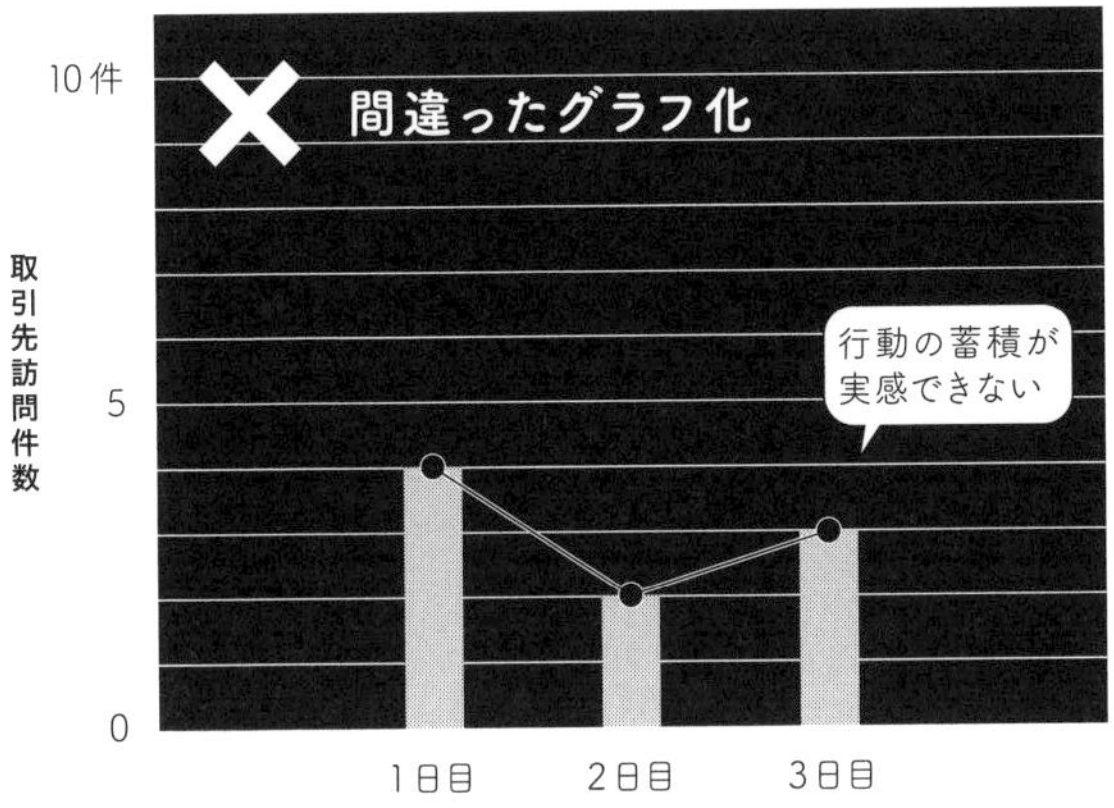
間違ったグラフ化
行動の蓄積が
実感できない
取引先訪問件数
10件
5
0
1日目
2日目
3日目

6
承認されたいと望んでいる人には「ありがとう」を

ツイッターのリツイート数が、日本は他国に比べて飛びぬけて多いと言われています。英語やスペイン語と違い、基本的に日本でしか使われないにもかかわらず、日本語のリツイートが非常に多く見受けられるというのです。

これは、今の日本社会が「承認欲求」にあふれていることの証明でしょう。インスタグラムにアップするためだけに、わざわざ遠隔地に出かけ、インスタ映えする写真を撮ってくるのも、だれかに承認されたいからです。

今の若者たちは「承認欲求社会」で育っています。彼らにとって、お互いに承認しあうのは当たり前の礼儀。それが、コミュニケーションの基本にもなっています。だから、自分を承認してくれない上司などあり得ないのです。

そういう社会になったことが、喜ばしいか嘆かわしいかについて議論する必要はありません。大事なのは、**「いいね！」をもらえることで、若者たちがその行動を繰り返しているという現実**です。

だったら、上司は部下を承認しまくればいいのです。それは、部下にお世辞を言うということではありません。上司としての正しいあり方なのです。

人は、さまざまな動機付け条件で動いています。かつて多くのサラリーマンが「もっと高い給料を、もっと高い地位を」という動機付け条件で仕事をしてきたように、今の若者たちは「もっと承認されたい」と望んでいるわけです。

部下がいい行動をとったときに褒める。「ありがとう」と言う。これが、その行動を繰り返してもらうための優れた強化刺激であることは間違いありません。

7 最も効果的で簡単なフィードバックは「褒める」こと

従業員の望ましい行動を増やすフィードバックで、最も効果的かつ簡単なのが「褒める」ことです。

人間は社会的生き物であり、周囲からの承認が行動の大きな動機付けとなります。しかも、褒めるためにかかる時間は5秒程度。お金は1円もかかりません。

ところが、「どうやって褒めていいかわからない」とか「そんなこと、照れくさくてできない」と言い訳して、その素晴らしい手法を使おうとしない経営陣や管理職がいまだに存在します。

しかし、時代は変わりました。今や、従業員を褒めることができないようでは、ビジネスは成り立ちません。何度も述べますが、現場の人たちの望ましい行動が増えてこそ業績も上がるのです。

褒めることに抵抗を示す人は、難しく考えすぎているのではないでしょうか。何か相手の人格上のことに踏み込まないといけないと考えているため、なかなか言葉が出ないのではありませんか？

仕事において、それをやる必要はありません。ただ、**行動に着目し、「○○ができたことが素晴らしい」と具体的な行動を褒めてください。**

たとえば、これまでアポの電話をなかなかかけることができずにいた部下が、行動の教科書にある「1日3本のアポ電話をかける」という行動がとれたら、その行動自体を褒めます。

「今日は、アポ電話を3本かけたね。偉いぞ。明日もその調子でいこう」

これによって、部下の「アポ電話を3本かける」という望ましい行動が強化されていきます。もし、「今日の調子で頑張って」といった曖昧な褒め方をしたら、違った行動が強化されてしまうかもしれません。

従業員の人格を褒めているわけではないし、ましてや、おべっかを使っているわけでもありません。望ましい行動をとったら、その行動自体を褒める。そうした単純なフィードバックが必要なのです。

8

フィードバックは「即時に」が大事

私たちが望ましい行動を繰り返すのは、先行条件によるものではなく、それによってい い結果が得られることを知っているからだと述べてきました(176ページ参照)。

この「得られることを知っている」という部分は非常に重要です。得られるかどうかわからないのでは、行動はなかなか強化されません。

行動科学マネジメントでは、私たちが自らとった行動によって得られる結果を、次の3つの軸で考えています。

1　タイプ＝ポジティブ(P)かネガティブ(N)か

2　タイミング＝即時(S)かあとから(A)か

3　可能性＝確か(T)か不確実(F)か

「タイプ」については、褒められる、健康になる、お金が増える、嬉しく感じるといったものが代表的なポジティブタイプ。逆に、不快になったり、何かを失ったり、病気にかかるというのはネガティブタイプです。

ポジティブな結果が得られるならその行動を繰り返すし、ネガティブな結果になるなら行動はとらなくなるということがわかるでしょう。

「タイミング」は、その結果が、即時に与えられるか、あとから与えられるかを指しています。

「可能性」は、それが与えられることが確かなのか、不確実なものなのかということです。

これら3つの軸の組み合わせによって、「PST」「PSF」「PAT」「PAF」「NST」「NSF」「NAT」「NAF」という8つのパターンが考えられます。なかでも、私たちの行動に大きな影響力を持つのが「PST」と「NST」。つまり、**即時に確かに与えられる結果**です。

たとえば、「タバコをやめる」という望ましい行動をとったときに、それによって「肺がんにかからない」というポジティブな結果が得られるかどうかは、後からのことだし不確実ですから「PAF」です。

逆に、「タバコを吸う」という望ましくない行動をとっても、「肺がんにかかる」というネガティブな結果につながるかどうかは、後のことだし不確実ですから「NAF」です。

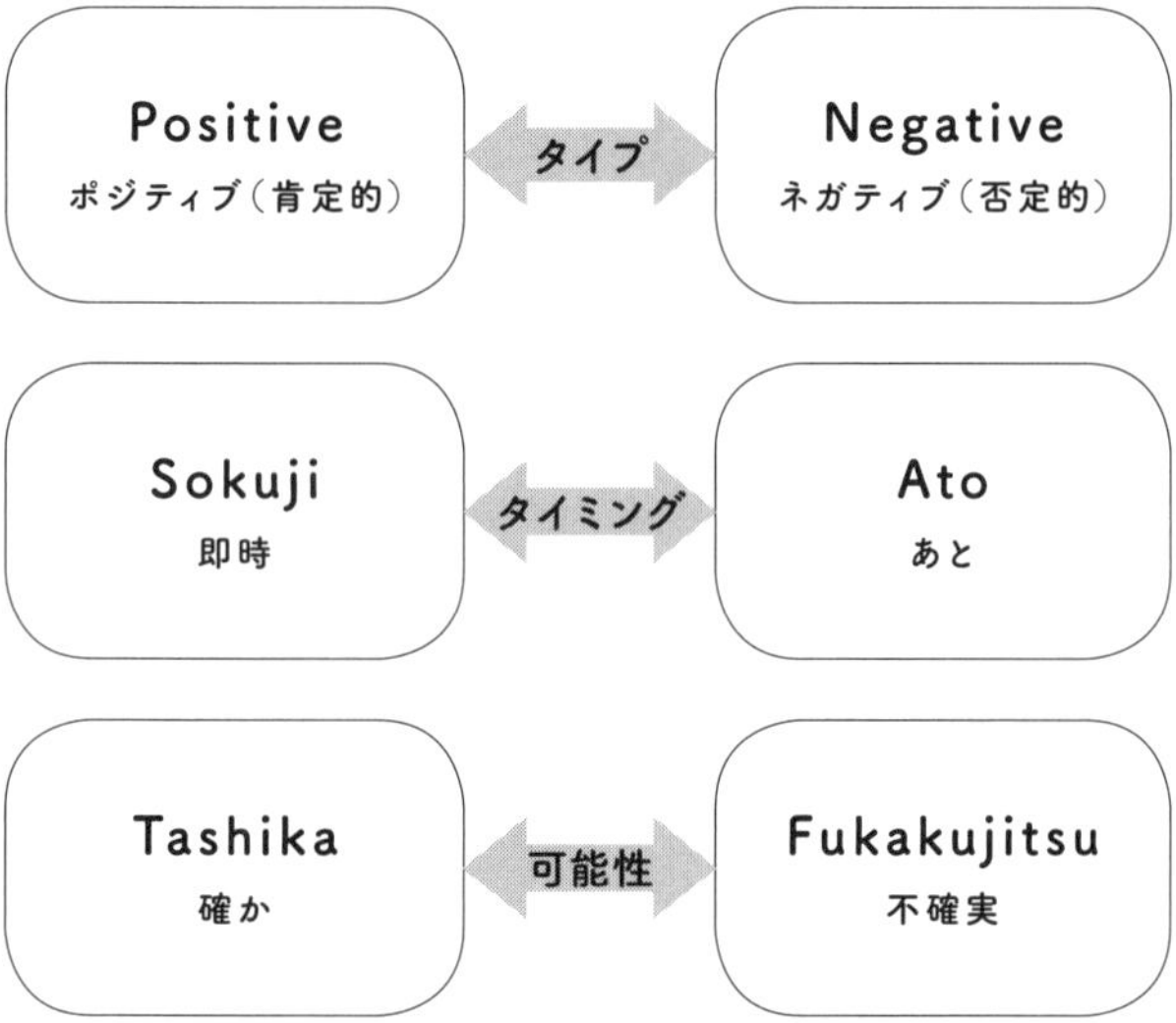

フィードバックの組み合わせ

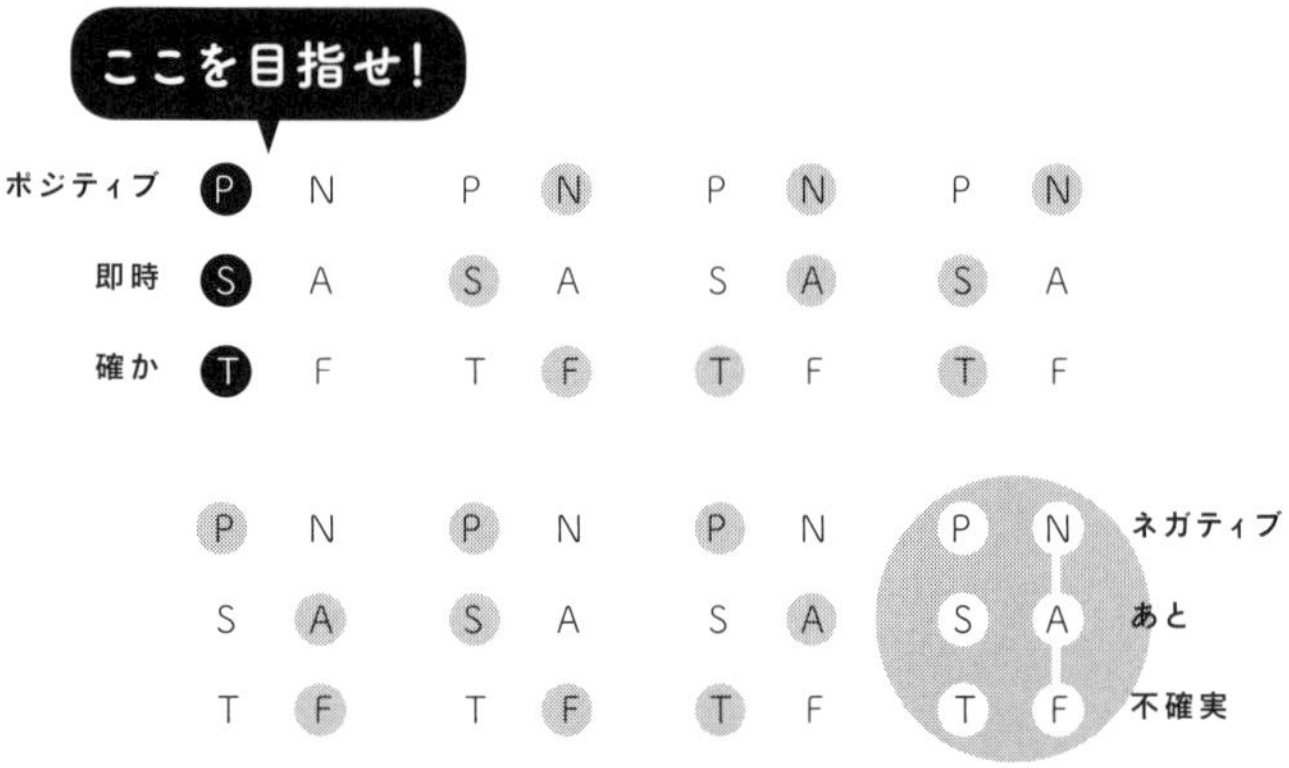

一方で、愛煙家はタバコを吸うことで「気分がすっきりする」「イライラが解消する」というポジティブな結果が即時に確かに得られます。だから、タバコを吸うという行動を繰り返してしまい、なかなか禁煙できないのです（PST）。

もし、「タバコを吸うと、すぐに胃が痛くなることが確実にわかっている」というようなことがあれば、嫌でも禁煙に向かうでしょう（NST）。

このように、人の行動には「即時（S）」「確か（T）」という要素が強い力を持ちます。だから、従業員のいい行動を強化したいなら、「**この行動をとれば、ポジティブな結果が即時に確かに与えられる**」と理解してもらう必要があります。

禁煙の例でもわかるように、「ネガティブな結果が即時に確かに与えられる」というパターンは、悪い行動の消去に向いています。いい行動を増やしてもらうには「PST」が重要なのです。

9

「即時に褒める」2つの理由

実は、社長が従業員に対して「このプロジェクトが成功したらボーナスをはずむぞ」などと言うのは、あまり効果が期待できません。ボーナスが出るのは後のことだし、どの程度、上乗せされるかは不確実だからです。

それよりも、**小さくてもいいからすぐに確実に与えられるご褒美**を人は好みます。

それに、経営者でもない限り、金銭的な報酬を従業員に約束することなどできません。でも、褒めることならだれでもできます。

この褒めるというフィードバックを、時間をおかずにすかさず行ったほうがいい理由は2つあります。

1つは、これまで説明しているように「PST」の結果が、いい行動を繰り返させる大きな力となるからです。

「この行動をとれば、課長はすぐに褒めてくれる」とわかっていれば、部下は安心してその行動を繰り返すでしょう。

もう1つ、すぐに褒めないと「何で褒められているか」がわからなくなるからです。

たとえば、「お客様への対応がよかった」と褒めるとしましょう。

「今の○○という言葉を使っての対応、とてもよかったよ」とすかさず言ってあげれば、従業員は細かい行動レベルで記憶をしっかり残すことができます。

しかし、翌日になって褒めるのでは、双方共に忘れてしまった部分も多く、大雑把な捉え方しかできません。そのため、ピンポイント行動を認識できずに終わる可能性があるのです。

10

「サンキューカード」などのツールを活用する

褒めるときは「面と向かって」が一番ですが、お互い外出などでタイミングがつかめないこともあるでしょう。

そんなときには、後回しにしないで、「サンキューカード」などのツールを用いて褒めましょう。

今の若者は、サンキューカードを送ることにも送られることにもまったく抵抗感がなく、非常に上手に使いこなします。また、SNSなどで承認し合うことにも慣れています。そうした彼らの特性を理解した上で、もっと積極的にサンキューカードを使いましょう。

このときも、**具体的行動**を褒めます。

「午前中に会議資料を整えてくれてありがとう。助かりました」
「今朝の挨拶は大きな声でとてもよかった。これからも、その調子で」
「今日は3件の顧客訪問をしたね。素晴らしい！」

こんな短い文章でOKです。従業員に繰り返してもらいたいいい行動を具体的に褒め、机の上に置いておきましょう。

カードを用いて上手に褒めたいなら、とにかく「持ち歩くこと」。気がついたときにすぐに書けるようにしておくことです。

また、いつも「ありがとう」ばかりでは受け取るほうも感動が減っていきますから、承認する言葉のバリエーションなどもいくつかつくっておくといいでしょう。

「○○君のおかげで助かっているよ」
「成長しているね」
「安心して見ていられるよ」
「引き続き頼りにしています」

たとえば右のような、承認の色合いが強い言葉がいいでしょう。

11

だれでも納得できるのが「行動に対するフィードバック」

行動の教科書が目指すのは、人に仕事がついている状況から、仕事に人がつくやり方への転換です。ある仕事について、だれでも同じようにできるのが理想で、「Aさんのやり方とBさんのやり方が違う」ということは歓迎しません。だから、Aさんに対するフィードバックは、Bさんにもそのまま当てはまります。

このようなフィードバックに求められるのが、「**オープン**」「**公正**」です。「何であの人が褒められているのか」について、すべての従業員が納得できなくてはなりません。

そのためにも、「具体的行動を褒める」ことが重要になります。

「Aさんは、○○という行動をとったから褒められている。だったら、私も○○すれば褒められる」

多くの従業員がこう理解してくれたら、Aさんに対するフィードバックが広く効果的に届いたことになります。

一方で、それが少しでも曖昧なものであれば、部下は不公平感を抱くでしょう。

たとえば、Aさんに対して「お客様に親身に対応してくれてありがとう」と褒めたらどうでしょう。

「親身に」の判断は人それぞれです。Bさんは、「私だって親身にやっているのに」と不満を持つかもしれません。

いつでも、だれが聞いても同じように理解できる言葉で、具体的なフィードバックを心がけましょう。

12

フィードバックの落とし穴

忙しい上司にとって、部下一人ひとりにフィードバックを行う1日1分のミーティングタイムは非常に重要です。部下にとってはなおさら重要で、そのときの上司の言動に彼らは耳目をこらしています。

ミーティングタイムに限ったことではなく、**あなたの言葉や行動は、すべてが部下へのフィードバック**なのだということを忘れてはいけません。

あなたは、部下と話をしているときにどんな振る舞いをしているでしょうか。

相手が一所懸命説明しようとしているのに、その話を遮って「で、結論は?」などと言っていないでしょうか?

あるいは、部下の目ではなくパソコン画面を見ながら対応していないでしょうか?

悪気はなくても、そういう振る舞いの一つひとつが、部下を傷つけていることに気づいてください。

そういうことをやっていると、部下は自分が傷つくフィードバックを避けるために、「報告する」という望ましい行動をとらなくなってしまいます。

ある企業で従業員にインタビューしたとき、1人の管理職の振る舞いが話題になりました。その管理職は、部下が自分の席に報告に来ると、必ずと言っていいほど、頭の後ろで両手を組み、椅子の背に背中を預けふんぞり返った姿勢をとるのだそうです。

おそらく、悪気はなく、それがクセになっているのでしょう。自分ではリラックスした雰囲気を醸し出しているつもりなのかもしれません。しかし、従業員の反応はネガティブなものばかりでした。

「真剣に聞く気はないと言われている感じがする」
「見下されているようで不快」
「単純に気持ちが折れる」
「上の人にはとらない態度を、部下にだけ向けてくるのはおかしい」

多くの従業員から、「あの管理職のフィードバックは受けたくない」という声が聞かれました。

しかし、こうしたことを部下のほうから指摘するわけにはいきません。だから、気づかぬままに続けてしまうのです。

自分がふだんからどんなフィードバックをしているのか、客観的にチェックしていく必要があります。

13 上司がフィードバックで使ってはいけない言葉

あなたが部下の立場だったときに、上司のどんな言動を嬉しく感じましたか？　逆にどんな言動によって傷ついたでしょうか？

あるいは、周囲の管理職を見て、「あの声かけはいいな」とか「あの態度は部下が不快に思うだろう」というような気づきがあれば、それも思い出してください。

それを具体的に書き出し、自分でチェックしていきましょう。

あなたの言動に、従業員に対する感謝やねぎらいの言葉、好感の持てる態度などが見られたら、ポジティブフィードバックとしてチェックを入れましょう。

このチェックは少しでも増えるようにします。「今日は7個以上のチェックを入れよう」などと目標を決めてもいいでしょう。

逆に、ネガティブフィードバックは極力減らし、ゼロを目指します。

相手が話をしているときに、イライラしたように足を揺すったり、指で机をとんとん叩いたり、ため息をついたり……。こうした態度は、行動の教科書にある従業員の望ましい行動を消してしまいます。

言葉にも充分注意しましょう。

とくに、**「なんで、○○なの？」は封印してください。**


「なんで、できないの？」

「なんで、覚えられないの？」

「なんで、気づかないの？」

「なんで、間違ったの？」

「なんで、そんなに時間がかかるの？」


この「なんで？」を口にしているとき、言わないだけで上司の頭の中にはすでに「それは、おまえが無能だからだよね」という答えが用意されています。そして、言わなくても上司がそう思っていることは部下にしっかり伝わります。

部下からすると、これほど嫌みな指摘のされ方はありません。

それに、「おまえが無能だからだよね」という答えは間違っています。正しくは「俺が教えていないからだよね」なのです。

使ってはいけない
フィードバックの言葉

NGワード		改善ワード
□「何年やってるの?」	→	□「この仕事のこの部分が基準に達していませんね」 ＊できていないことを具体的に指摘する。「経験があるのに、なんでこんなこともできないんだ!?」という感情は封印。
□「まだ、やってないの?」	→	□「この仕事の締切りは○月×日です」 ＊締切りを設定せずに、「まだ、やってないの?」とイラついていませんか?
□「人の話、聴いてるの?」	→	□「私は○○と説明しましたが、理解できなかった点はありますか?」 ＊指示通りにできなかった場合、指示内容のどこが理解できなかったのか具体的に確認する。責めるような質問は厳禁。
□「見れば、わかるよね?」	→	□「説明するので、ここを見てね」 ＊見るだけではわからない、と肝に銘じ、具体的に見るべき箇所を示しながら説明し、理解させる。
□「どうするつもりなの?」「どうしたいの?」	→	□「この仕事の目的は●●、目標は△△です」 ＊ゴールを示して、そこに到達するには何をすればいいか、段階を追って指示をする。

こうしたネガティブな言葉は、忙しさに紛れてつい口にしてしまいがちです。意識的に自らをチェックしましょう。

もちろん、ときには「叱る」といったフィードバックも必要です。事故につながったり、お客様に迷惑をかけたり、自社ブランドを毀損するような行動を従業員がとったら、毅然とした対応をしなくてはなりません。

しかし、そのときにも、**叱るのは「悪い行動」**にフォーカスし、「きみはダメだなァ」といったネガティブな言動で相手の人格を攻撃してはなりません。

14

「前にも言ったよね?」の無意味

行動の教科書は、8割の従業員が望ましい行動を繰り返し、いい結果を出すことを目的につくられています。フィードバックの目的も、この1点に絞られます。

そう考えると、「前にも言ったよね?」ほど、無意味な一言はありません。

そもそも、前に言われたことなど8割の人たちは忘れてしまいます。覚えているのは言ったほうだけです。

大事なことは、以前にすでに伝えられていたかどうかではありません。**今、目の前にいる相手が理解できているかどうか**です。理解できていないのなら、過去に伝えたという事実は何の意味も持ちません。今また教えればいいだけの話です。

しかし、多くの上司は「前にも言ったよね」で、自分の正当性を示そうとします。

「前にも言った」→「ちゃんと教えているのに、おまえは覚えていない」→「悪いのはおまえのほうだ」

部下よりも上司の権限が強い職場において、この図式がまかり通ります。しかし、部下からすると、違う図式が成り立ちます。

「前にも聞いたのだろうか」→「でも実際には覚えていない」→「覚えていないことを言われてもどうしようもない」

このように、まったくかみ合わないところで「こっちが正しい」と勝利宣言してみたところで、どうなるというのでしょう。それは優秀な上司なのでしょうか。私はそうは思いません。

本当に優秀な上司は、「**部下が望ましい行動をとる**」**という1点に集中**し、そのために効果があることをやっていきます。

15
研修は最初だけでは意味がない

多くの企業は、新入社員に対する研修を熱心に行います。

ある保険会社は、2か月にわたって社会人としてのマナーや、自社のビジネスについて研修を行います。その後、配属された先でも、半年間はOJTという扱いで、「仕事をちゃんと教えてほしい」というニーズに応えた形になっています。

しかし、丁寧な研修が行われるのはここまで。その後の成長は、あくまで現場に任されています。3年目から受けられるステップアップ研修や、海外勤務に向けた語学研修なども用意されてはいますが、それを受けるためには上司の推薦が必要で、結果的に優秀で意欲のある一部の社員以外には関係ないものとなっています。

つまり、はや3年目くらいで、研修が受けられる2割のハイパフォーマーか、8割のそうでない人かに選別されていきます。

しかし、このやり方は逆なのです。もともと優秀なハイパフォーマーは、研修などなくても成長します。大事なのは、**8割の「こぼれそうな」社員を拾い上げ、底上げを図っていくこと**です。

新入社員のときに行ったような、だれにでもわかる丁寧な研修を、フィードバックの一環として8割の人たちに対して行っていく必要があります。

ところが、多くの企業が、自社の従業員を高め評価してしまっており、その評価に合わせた研修を取り入れています。そのため、2割のハイパフォーマーには役立っても、8割の人は学びを得られずに終わるのです。

あくまで8割の人たちを対象とした内容の研修を、継続していくことが求められます。会社単位で行うのが難しい場合でも、部署単位、チーム単位で頻繁に研修を行い、こぼれる人がないようにしていきましょう。

16
研修は就業時間内に

研修を含め、すべてのフィードバックは就業時間内に行います。

「教えてもらいたいのだったら、自分の時間を使って当然だろう」という前時代的な考え方は通用しません。会社単位の研修はもちろん、チーム単位のものであっても、必ず就業時間内に行いましょう。

研修を行うときは、前もって日程と場所を決め、開始時間と終了時間を明確に設定した上で、メンバーに通知します。

できれば、「毎月第3水曜日の午後4時から1時間」などと決めておき、**定期的な研修を継続的に行う**ことをすすめます。

このとき、たとえ2〜3名しか参加しない小規模なものであっても、上司の都合によって時間を変更するようなことはしてはなりません。研修は、どんな規模であれ、従業員にとって大事な成長の機会なのです。それを軽視するような態度が上司に少しでもあれば、部下はひどく落胆します。

なお、社外のセミナーなどに従業員を参加させる場合も、就業時間内にします。もし、土日に行われるようなセミナーなら、代休を取得させましょう。

なぜなら、「それは仕事であり、仕事で成果を出してもらうために受けさせている」ものだからです。「自分の時間を使ってやったこと」は、あくまでその人のものでしかありません。

17

研修内容を「見える化」する

研修では、「これからどんな技能を身につけようとしているか」について、明確にしておく必要があります。

実際に、「何が身につくか」をよくわかっていないままに出席させられている従業員は多く、ただ時間を無駄にするだけの結果となっています。

部署内など小さな単位の研修なら、そこに行動の教科書を持ち込み、**ロールプレイングで行動を確認する**というのもいいでしょう。

たとえば、「次回は、営業先でのクロージング場面について、行動の教科書にあることをロープレで確認していこう」と前もって伝えておき、当日もそれを再確認してから始めるようにします。さらに、ただ「頑張れ」と励ますのではなく、研修で学んだロープレの流れをまとめ、それを個人でも繰り返し学べるようにしてあげたりといった行動をとりましょう。

また、どんな練習をすればその技能が身につくかについても見える化していきましょう。

たとえば、「目が死んでいない本物の笑顔のつくり方」を教えるとしたら、79ページのような行動の教科書を見せながら、まず「上まぶたを上げる」練習をさせます。

ほとんどの笑顔指導は「口角を上げなさい」となっているのですが、8割の人たちにこう教えると、口角だけが上がって目が笑っていない「不気味な笑顔」になってしまいます。

まず、まぶたを上げ、次に口角を上げる笑顔を練習し、スマホで自分の笑顔を撮影して見える化すると、どんどん笑顔がよくなっていきます。

こうして学んだ笑顔でお客様に接すると、明らかによい反応が得られます。とくに2割のできない人の場合、研修で学んだことができた、良い結果が得られたということが、次の研修に積極的に参加しようという強いモチベーションになります。

ですから、**できない人が「できやすいこと」から教え始めることも非常に大切**です。

18

管理職自身も研修を受ける

上司の部下に対するフィードバックは、非常に重要なものです。適切なフィードバックが行われれば部下のいい行動が継続されますし、それがなければいい行動もやがて消去されます。

しかし、上司のフィードバックには上手・下手があり、その差が激しいのが現実です。もちろん、仕事の教え方自体にも上手・下手があります。ただ、それは行動の教科書を正しくつくることでクリアしていけます。行動の教科書があれば、部下は具体的にどうすればいいかがわかり、望ましい行動をとってくれます。

しかしながら、その行動を繰り返してくれるかについては、上司のフィードバックによるところが大きいのです。

だから、**フィードバックの能力をアップすること**なども含め、部下を持つ管理職自身、研修を受け成長していくことが必要です。むしろ、研修が必要なのは新入社員よりも管理職なのです。

いくら部下に行動の教科書を渡し、多くの研修を受けさせてみたところで、上司の成長が止まってしまえばうまく回りません。

多くの管理職が、プレイングマネジャーとして多忙を極めているであろうことは想像できます。しかし、そこに埋没してはなりません。自分を成長させる場に、積極的に身を置いてください。

そのために、現場の行動の教科書の次には、マネジャーのための行動の教科書をつくるのです。

COLUMN

「部下を褒めるのが大変」なのはなぜ？

管理職を対象にした勉強会を開くと、「部下をなかなか褒められない」という悩みが多く聞かれます。

その理由を問うと、たいてい「**自分たちが褒められてきていないから、どう褒めていいかわからない**」という答えが返ってきます。

彼らの上司にあたる世代は、「叱ってこそ部下は伸びる」という教育方針を貫いてきました。だから、自分も同じようにすればいいと思っていたのに、逆のことを求められ、どうしていいかわからなくなっているわけです。

しかし、叱るよりも褒めるほうがはるかに気分がいいではありませんか。それに、「ありがとう」と言うのがそんなに難しいことでしょうか。

思うに、彼らは技術論で困っているのではないはずです。彼らが部下を褒められないもう1つの理由に、「褒めるほどの部下ではない」という感情がおそらくあるのです。

「自分たちにとって当然だったレベルのことをやったからといって、なぜ褒めなくてはならないのか。しかも、こいつは仕事ができないではないか」

その気持ち、わからないではありません。もし、あなたがそういう葛藤を抱えているなら、その「なぜ」について、明確な答えがあります。

「それによって、あなたの仕事がラクになるからですよ」

褒めるという行為について、もっとドライに考えましょう。それは、部下にいい行動を繰り返してもらうためのフィードバックにすぎません。好き嫌いなど、感情的な要素を持ち込む必要はないのです。

内面ではなく行動を見てください。あなたが褒めたことで部下の望ましい行動が増えたなら、それは素晴らしい効果が出ているということです。

「自分たちが褒められてこなかったから褒められない」では、いつまでたっても職場は変わりません。会社全体を通して、褒める文化を醸成していきましょう。

おわりに

残業をしたがらない若者が増え、労働人口自体も減り続けています。

政府は「働き方改革」を推し進めていますが、その理由は労働者の保護ばかりではなく、日本企業に対し「従業員に世界基準の働き方をさせろ」と迫っているわけです。

それはなぜかと言ったら、つまるところ税収の確保です。

これから日本の人口は激減し、マーケットは縮小していくばかり。企業が世界にマーケットを求めていかなければ、日本経済自体が衰退に向かうことは明らかです。

しかし、従業員に今のような働き方をさせている限り、日本企業のグローバル化はかないません。文句を言わずに残業するような労働者は、海外にはいません。

また、日本においても従業員の確保が難しくなり、外国人の雇用は避けられません。

そうしたなか、人に仕事をつけていることが、企業の大きなネックになっています。

仕事を標準化して、仕事に人をつけておけば、どこの国の人であろうと、その仕事をこなすことができます。その結果、従業員一人ひとりの負担が減り、残業などする必要がなくなります。

日本企業は、なんとしても転換を図らなければなりません。

もちろん、変わらなければいけないということは多くの人がわかっています。働き方を変えるだけでなく、新しいマーケットを開発するために、商品やサービスそのものも変えなければいけないということもわかっています。

わかってはいるけれど、その課題に働き盛りのマネジャークラスが全力投球できない状況が続いています。なぜなら、育成がうまくいかず、目の前に山積された仕事を部下に任せることができないからです。

やはり、ここでも仕事の標準化が不可欠なのです。

本書の方法で、行動の教科書を正しくつくれば、仕事と人が分離します。つまり、だれがやってもその仕事で収益が出せるようになります。

最初は多少の労力が必要だとしても、一度つくってしまうと、あなたは驚くほどラクになります。

私は、日本企業や日本のビジネスパーソンに対し、根本的な転換を提言しています。

それは、なかなか大変な道のりに思えるかもしれません。しかし、「本当に必要だ」と理解したときの日本人の集中力を私は信じています。

かつて、日本のパーキングエリアなどで、トイレの列がどうなっていたかご存じですか？

おのおの勝手に個室の前に立ち、自分の前の扉が開くのを待っていました。

銀行のATMや公衆電話の列も同様で、そのため「自分のほうが早く並んでいたのに……」という当たり外れが多く起きました。

一方で、欧米では公平な結果となる「フォーク並び」が常識でした。

それを知った日本人が1人2人と、日本でもフォーク並びを試みるようになり、あっという間に広まって今ではそれが当たり前になっています。

日本人は、「変わるとなったらいきなり変わる」特性を持っています。

働き方においても、それを見せてくれるのではないかと期待しています。

2018年1月

石田　淳

［著者］
石田　淳（いしだ・じゅん）
株式会社ウィルPMインターナショナル代表取締役社長兼最高経営責任者。社団法人行動科学マネジメント研究所所長。社団法人組織行動セーフティマネジメント協会代表理事。米国行動分析学会 ABAI（Association for Behavior Analysis International）会員。日本行動分析学会会員。日本ペンクラブ会員。
米国のビジネス界で大きな成果を上げる行動分析を基にしたマネジメント手法を日本人に適したものに独自にアレンジ、「行動科学マネジメント」として確立。現在は、行動分析に基づいた「パフォーマンス・マネジメント」を日本企業に導入するためのコンサルティングに取り組んでいる。支援企業・団体は数十人～数万人規模の組織まで多岐にわたる。趣味はトライアスロン&マラソン。
著書に、『教える技術』『〈図解〉教える技術』（かんき出版）、『組織が大きく変わる「最高の報酬」』（日本能率協会マネジメントセンター）、『8割の「できない人」が「できる人」に変わる！　行動科学マネジメント入門』『組織行動セーフティマネジメント』『短期間で組織が変わる行動科学マネジメント』（ダイヤモンド社）など多数。
石田淳ブログ　http://jun-ishida.com/

短期間で社員が育つ「行動の教科書」
――現場で使える行動科学マネジメントの実践テキスト

2018年2月21日　第1刷発行
2019年2月13日　第2刷発行

著　者――石田　淳
発行所――ダイヤモンド社
〒150-8409　東京都渋谷区神宮前6-12-17
http://www.diamond.co.jp/
電話／03·5778·7236（編集）　03·5778·7240（販売）
装丁·図版――大場君人
イラスト――坂木浩子（ぽるか）
編集協力――中村富美枝
製作進行――ダイヤモンド・グラフィック社
印刷――――堀内印刷所（本文）·新藤慶昌堂（カバー）
製本――――川島製本所
編集担当――佐藤和子

ISBN 978-4-478-02550-5